教育文化研究丛书

丁钢 主编

国家出版基金项目
NATIONAL PUBLICATION FOUNDATION

可视的教育

一个图像教化传统

丁钢 著

教育科学出版社
·北京·

总　序

我们为什么开展教育？这首先是一个文化的问题。教育活动作为文化传递与创造的核心，本质上呈现为一种文化现象，影响着民族的思想、道德、风俗、艺术乃至每一世代的认知图式，扎根于民族的文化处境与经验之中。教育文化研究建立在每个个体发展的基础之上，存在于对社会文化情境的理解之中，是对人们所处的教育生活予以倾听、理解和响应，并对日常教育行为和意义实践活动，以及历史与现实之间的教育文化实践的发生与变化做出反应的知识活动。

从这种认识出发，教育文化研究力图突破把文化分为器物、制度和理念三个层面的思维方式，基于不同的视域及语境去考察与探寻教育文化现象的发生发展，从关注宏观转向考察更广泛的基层社会生活与教育变迁，将研究视野下移至更加细致多元的教育文化生活，深入更为细致而多元的活生生的教育生活本身，书写更丰富的细节和实践经验，从而使一个更为广泛或更具整体性的教育文化理解建立在更为多元和更为丰富的经验分析基础上，并使之得到勾勒与呈现。没有细致的、实证性的和个案的深入研究，阐释只能流于空泛。而教育文化研究也致力于打破专精化的学科知识及传统，以更开放的、不断自我反思的精神面对社会问题进行现实意义的寻求。

由此，教育文化研究者在探索、发现教育文化是如何再现、表现和形塑人们的社会生活、身份意识、道德与情感、观念与行动，以及揭示这些教育文化现象在学校教育、公共领域、日常生活和物质文化等方面的实际作用与意义的过程中，运用跨学科的前沿理论视野和多学科的研究方法，形成解释教育文化现象及存在方式的思想、观念和方法的知识生产活动，拓展教育研究的新领域、新方向与新路径。

“教育文化研究丛书”作为一套别具一格的致力于学术开拓的研究丛书，秉承以上研究宗旨，特别呈现了中国教育文化实践的多元形态与丰富内涵。丛书作为教育研究的一项文化行动，基于丰富的历史与现实的实践经验，以强烈的文化关切与强调文化路向的阐释方式，不仅体现了一种文化主体的自觉，还呈现了在理解与尊重本土教育的文化价值的基础上，对如何更为适宜地塑造新的自我的深度思考。

呈现在读者面前的这套“教育文化研究丛书”由九部著作构成。

丁钢所著的《可视的教育：一个图像教化传统》，以跨学科的视野和研究方法，透过对历史变迁中日常教育生活与艺术媒介形式之间关系的探究，将中国历史中的教化图像作为研究对象，通过村童与塾师的生活寓言、讲学方式与空间组构、屏风空间及叙事意向、男耕女织与社会道德契约和嵌入生活的对相杂字等研究议题，呈现了一个独具特色而源远流长的中国图像教化传统。教育图像渗透于生活各方面，给人以视觉感受。当它们反映日常生活、文化、思想和情感世界时，成为一种公共性的对话空间及嵌入生活的独具特色的教育方式。本研究为教育文化研究提供了别样的图像诠释与知识生产路径。

周勇所著的《小说与电影中的教育研究》，从对个体及社会影响很大的非学校教育领域的小说与电影入手，从教育文化研究等角度解读鲁迅、沈从文的经典小说，以及侯孝贤、王家卫、陈凯歌的著名电影作品，揭示其中蕴含的现实社会文化背景乃至日常生活中的教育问题，并为教育文化研究和教育社会学等理论研究贴近生活世界提供经验事实基础，拓展与更新教育理论界既有的刻画学校教育的小说与电影研究，为丰富教育文化研究等理论研究的视野与议题提供新的探索路径和范式参照，同时彰显了将电影及小说引入教育研究的学术价值。

葛孝亿所著的《学业：一个中国家族的教育生活史》，基于人类学田野工作和历史研究，主要运用历史文献、口述史与生活史等研究方法，收集了大量与毛氏家族有关的家族文献、地方史料与口述史料（尤其是教育方面的史料），在历史文献与口述史料交叉互证的基础上，讲述了中国南方内陆省份江西省吉安市郊区的一个家族性村落江头毛家村毛氏家族的历史故事，涉及家族的迁徙史、村落的日常生活、家族的教育观念和教育活动，以及经由教育带来的家族成员的职业变化、社会地位的升降等，并基于对这些事件的叙述，讨论了教育作为重要的文化动力机制，对家族成员的社会流动及个体生命的影响，以及这种流动对于家族结构特别是社会结构所产生的影响。

司洪昌所著的《中国县域学校分布与空间探析》，从空间视角描述中国基层学校的分布，将其放置于县域之中来描述与解释，尝试重述近代以来学校的空间分布趋向、学校分布内在的微观运行机制，通过具体而微地分析学校与人类聚落之间的关系，从理论上描述了胡焕庸线两侧的县域空间类型及其与学校空间布局的文化关联，也从现实出发，描述了特殊类型县域之海岛、飞地、乡镇、村落之中的学校空间分布，并基于具体情境分析影响学校分布的社会与文化因素，理解学校的空间分布，为教育研究提供一种新的空间视野以及政策制定研究的“空间维度”。

吴旻瑜所著的《安身立命：中国传统营造匠人的学习生活研究》，从教育文化研究的视角，以近世营造匠人为样本，切入“工匠”这个在传统中国数量庞大、地位重要但又往往为人所忽视的群体。作者走访苏州香山，拜访香山帮匠人后代，搜寻“样式雷”家族的遗迹，结合碑刻、史志、家谱、族规、实录等史料，并对比明清之际的中国士大夫和文艺复兴时期的欧洲知识分子对营造和建筑的不同参与方式，试图用一种“类型学”的方式进入营造匠艺内部，考察营造匠艺的范畴类型，还原中国近世匠人的学习生活。

王独慎所著的《身体、伦理与文化转型：清末民初修身教育的历史图景》，聚焦于清末民初（1904—1922 年）新式学校开设的“修身科”，力图透过修身教育的变迁呈现中国近代社会文化演变的内在脉络和历史图景。作者对“修身养性”和“修齐治平”的修身传统进行了理论梳理，继而在教育场域内部考察修身科与现代教育学科的建立、教学文化的转型之间的关系，揭示现代教育的特性；从修身教科书编撰者群体的特征、教科书中伦理谱系的变迁、身体操练与现代性身体的生成等侧面考察修身教育与社会文化的互动。这些不同面向不仅呈现了修身教育的演变历程，同时揭示了“修身”这一文化大传统是如何参与到中国现代文化建构中的。

毛毅静、王纾然所著的《隐约有光：近代上海城市、社会性别与女性职业教育》，将近代女性置于时代和社会嬗变的大背景下，研究新兴的城市公共空间中一群中间阶层女性的求学、就职的心路历程，以“非定向的记传式采访”的口述内容和原始档案还原部分真实历史，并从接受教育和从事职业的女性的主体视角描述女性的受教育过程和职业生涯，以及女性在教育中获得的社会认同和自我实现。同时，该书从妇女史学、文化研究的视野，考察迂回彷徨在闺门与职场内外的一代女性的生存位置与教育立场，为理解教育与女性的职业发展和自我实现之间的关系提供了可能。

陶阳所著的《生活濡化与知识演进：近代学人的早年学习生活图景》，运用个案深描和群体画像的历史叙事方式，呈现了一代知识分子早年的学习生活，探讨了早年所继承的文化遗产对个体文化生产的影响，涉及家宅和自然空间中的新旧知识和情感、学堂小社会中的师生交往、民间社会的礼仪和风俗，以及日常生活中的物件和身体感觉。这些异质性的文化符号和因素构成了个体早年学习生活五彩斑斓的景观，而从中所吸收的认知模式、情感结构、交往方式、文化心理与具身观念，则为个体的学术研究、文艺创作、社会行动、观念形塑等文化生产提供了重要的滋养。

樊洁所著的《性别图景与家庭想象：家政教育文化的近现代转型》，追溯了前现代中国的家政知识生产实践与性别职能的关系，分别从经济话语、媒介展演、知识体系与家庭观念重塑等多重维度，考察与呈现了近现代家政教育文化的转型过程，以及伴随这一过程的20世纪初中国性别图景与家庭想象的话语建构，阐明了家政教育何以嵌入知识分子寻求现代家国关系与性别职能的全新阐释途径中。本书认为，家政新知识通过为家庭性别角色提供现代性阐释方式实现了对女性职能的重构，家政教育文化的近现代转型与女性在家庭中获得新知识并形成“现代性自我”的过程密不可分，女性也由此成为促进中国社会文化现代嬗变的重要角色。

本丛书的出版得到了国家出版基金的资助以及教育科学出版社的鼎力支持，在此深表感谢。作为我国第一套教育文化研究丛书，其中的著作选题独特、方法新颖、理论前瞻，而且可读性强，反映了教育文化研究的最新成果，也体现了作者们对于教育文化研究的执著与不懈努力。然而，学无止境，探索依然在路上，诚邀更多志同道合的同人，共同推进教育文化的研究与繁荣。

丁钢

2023 年 2 月于沪上闲云斋

目　　录

CONTENTS

前言：一个图像教化传统的探寻

图像是一种世界性的语言，在中国也有悠久的历史。正如饶宗颐先生所说：“众所周知，中国是世界上最早兴起图像传播的国度之一，由于左图右史的文化传统，中国古代重视图像较之文字毫不逊色。而研究中华图像文化史，就可以还原中华民族上万年的精神历程、思维观念、生活形态，揭示中华文化深厚的人文思想、情感与精神。”（饶宗颐，2016）[1-2]

《学记》指出“建国君民，教学为先”“化民成俗，其必由学”，“明确道出了中国古代教育的两个任务或两个方面：建设国家和管理公务，要以教育为最优先、最重要的事情；而要教化人民，造成良好的风俗习惯，必须从教育入手。前者比较容易认识，后者则涉及如何在风尚习俗的教化中推进教育。民间教育文化、教育方式所体现出来的教育文化传统往往被忽略。这正要求我们对中国教育文化传统有全面而深层的把握”（丁钢，2021）[3]。换言之，中国古代的教化活动是弥漫在道德行为、政经活动、日常礼俗、市井生活、营造匠艺、男耕女织、文教乡约等公共与私人领域之中的。

中国历代流传着大量关于政治社会生活和民俗的图像铭文、画像石、画像砖与壁画、风俗画、市井画、版画、年画、烟画等，涉及砖石、青铜、瓷器、丝绢、纸张和木材等器物承载形式 / 媒材。从历代考释来看，教育图像的内容与范围极为广泛，涉及讲学图、烈女图、仕女图、学士图、竹林七贤图、村学图、古帝王图、孝经图、圣迹图、《帝鉴图说》、《养正图解》、《闺范图说》、《劝戒图说》、《闺训图说》、《女范编》、二十四孝图、耕织图、婴戏图，象征文人风骨的山水图，以及文学作品中的插图、课本插图，甚至蒙学读本如对相四言、《幼学琼林》等，这形成了历史上图像教化的丰富来源。

教育图像的产生、发展与人类历史几乎同步。图像与文字一样承载着历史，教育图像不仅描绘教育历史，而且构成教育历史；图像提供教育历史细节而复活教育历史，帮助我们理解教育历史，并且具有“成教化，助人伦”的视觉特质，以及“明劝戒，著升沉”“善以示后”的教育功能。

教育图像研究可以丰富和深化对教育文化传统的理解。图像具有独立性，可以完整、独立地进行表达。单独的图像可以凭借视觉语言向受众表达和传递故事，而且相比于文字媒介有更强的感染力。“可视”的重要性和可靠性，在于可以通过可视的图像去揭示不可视的象征、暗示或比喻，以及概念、思想与情感世界，将不可视的概念、思维或逻辑呈现出来。从这个意义上讲，所有不可视的概念、思维或逻辑的转化赋予了可视图像极为丰富的教育内涵。

同时，“可视”还意味着，图像不仅具有自然属性，而且具有明显的人文属性。图像渗透于生活各方面，当其反映日常生活、文化、思想和信仰世界时具有公共性，成为具有公共性的对话空间。在中国，图像生产与传播很早就介入了民众生活的公共领域，并促成了一个图像教化传统。

“语文记述方式在近五千年来已经成为人类文化记述的主流方式，而有着百万年历史并保有大量文化资讯的图像表征形态，却一直未得到应有的重视和充分的科学解读，图像形态与语文形态的逻辑因果关系一直未得到有效的研究。然而，中华文化的独特性，恰恰在于其书画同源的视觉‘书写’文明历史。这种视觉的、图像化的历史传承和文明形态与欧美等西方国家的表音文化体系迥然不同，它是超越言语化的视觉认知模式与逻辑，构造了中华文化独特的文明形态与智慧，并且从未中断过。”（饶宗颐，2016）[1] 这种书画同源、图文一体意味着图像在中国古代教育中具有特殊价值。而中国“文以载道”的传统，不仅体现在文学作品之中，也存在于音乐、绘画、戏曲等艺术形式中，以道德修养和社会教化为宗旨的观念始终贯穿于这些艺术形式之中。中国绘画图像具有体现传统意识形态的劝诫性功能，使得在文本及言传传统之外形成了儒家意识形态的一套图像教化传统。这一传统通过典范人物形象和叙事性图像让观者感受其中的人格典范、道德意识和社会秩序。而宋元以后，一方面讲究心境意绪和心灵默契的文人山水画与中国传统人格理想相互呼应，另一方面注重道德教化的叙事性绘画在平民教化、女子教育和蒙学教育中依然是儒家教化的重要方式，出现了如耕织图、村学图等，以及对相四言类的图文识字课本，它们一直被沿用至清末。叙事性图像与非叙事性图像同样具有象征意义与教育价值，让中国教化图像成为中国乃至世界教育文化遗产的重要组成部分，并且构成了独具特色且源远流长的中国图像教化传统。

本书从教育文化研究的视角出发，将中国历史中的教化图像作为研究对象，通过专题研究与分析，探寻中国图像教化传统的脉络，审视中国教化图像和图像教化的发展，以期拓展教育史与艺术史以及其他人文社会学科的对话基础，探究中国图像教化传统研究在教育学科和跨学科发展中的学术价值与意义，进而使之成为中国教育文化研究的重要组成部分。

本书分为六章。

第一章“教育图像及其阐释方式”是本书的导论，旨在通过对教育图像研究的兴起及其发展的考察，梳理图像研究在理论和方法上的演变与推进，并且把图像作为方法，阐明图像所具有的学科立场和理论范式。从莫雷利（G. Morelli）、瓦尔堡（A. Warburg）、潘诺夫斯基（E. Panofsky）的图像学理论到皮尔士（C. Peirce）的符号理论和霍尔（S. Hall）的文化研究，从对细节的关注到对内在意义的发掘，再到强调意指活动即意指关系与意指过程，图像理解过程中解释方法和理论范式不断发展与演进。在此基础上，本章结合对中国古典传世教育图像的研究，提出了教育图像阐释的三种方式。

第二章“村童与塾师的生活图景：一种风俗画的诠释”主要探索教育史上的一个重要现象——教育风俗，从教育风俗史的角度开启与教育相关的图像研究。本章以流传至今的《村童闹学图》这一典型的教育风俗图像作为研究对象，结合现代图像证史的方法和文献佐证方法，进行图文互证的解析；强调“村童闹学”的画题及其种种情节，既非全部出自想象，也非出于礼法文化的调剂而呈现的寓言，而是具有实在的社会历史依据。本章自下而上、以小见大地剖析和阐释“村童闹学”这一图像及其背后的教育生活事件和历史过程的内在含义，从而实现从具体直观的教育活动去逼近教育实相的目的。

第三章“讲学方式：教学空间组构的演变及图说”主要通过中国古代绘画中与讲学相关的图像，探讨古代讲学方式与空间格局存在的关联。从孔子杏坛到汉代太学、宋明书院，讲学方式逐渐演变，教学空间结构被赋予历史文化意蕴和教育价值。不同时期的教学空间、建筑格局有不同的类型，建筑内外存在空间、功能和环境的不同，教育场景中存在人的空间位置关系之分。中国古代历史上的讲学方式与空间格局反映了一种教学关系。讲学方式与空间格局具有一种由时代、社会，以及教学模式和关系所确定的特殊性，其不仅生产教学关系，同时也被教学关系所生产。由此，讲学方式与空间格局得到解构与重构。

第四章“屏风图像：空间、欲望与叙事转向中的教化”认为，图像的教化功能渗透在社会生活的各个方面，其中也包括屏风及其图像。屏风及屏风绘画是一种传统器物文化，从其发生发展来看，其内含的教化功能已经溢出了屏风本身。本章通过对屏风空间与礼仪规制、屏风图像与观者的欲望意图，以及屏风叙事性绘画的转向等方面的考察，揭示中国古代社会生活中屏风及其绘画的教化寓意。在中国古代社会，屏风从来就不仅仅是作为一种器物而存在。无论在政治场合还是在文人的生活居所，屏风的空间布局和屏风图像的呈现方式等都带有很强的教化意味，并且它们赋予了屏风以社会功能，这是由绘者与观者的双向作用促成的，而这种双向作用根植于传统文化之中。

第五章“男耕女织：传统社会生活的图像隐喻”认为，在中国传统社会中，“男耕女织”意味着以农耕与蚕桑为根本的社会生活。本章主要通过对《诗经·豳风·七月》图以及后世的耕织图、蚕织图、棉花图等传世农事图像的“观看”和“阅读”，对“男耕女织”的传统农耕与蚕桑生活和风俗图景鲜活形象地呈现，探寻“耕织图诗”背后的厚生主旨、社会生活的教化意向、“兴观群怨”的教化方式与诗图互释的教育话语，诠释传统农事图像中丰富的教育与生活世界，揭示农事图像如何再现和形塑民众的社会生活、身份意识、道德与情感认同，以及在耕织图等的艺术图式背后，“男耕女织”所构成的中国传统社会生活的文化母题，以及性别角色在技能与德行方面形成的社会秩序的教化意义。

第六章“嵌入生活的教育：对相杂字的流变及其意义”主要通过对宋元时期出现及流传于民间的、集图识和字学于一体并以图文相对照的对相杂字的历史的梳理，探究以农业经济、商业活动、百工技艺及百姓日常生活为题材，语言通俗、内容浅显的图文识字教材，以及它与社会文化和经济生活的关系。对相杂字不仅是世界上最早出现的图文对照的蒙学课本，而且随着社会经济发展，在传授与农工商有关的实用技艺的过程中，内容更趋丰富实用，成为一种嵌入生活的独具特色的教育方式。

教育图像的研究，不仅使教育可视，也揭开了中国图像教化传统的一角。这种拓荒性的研究工作充满魅力，却也实属不易，呈现的成果定会有不足之处，恭请方家雅正的同时，更期待有更多的年轻教育学者勇于踏入跨学科的未知领域，开拓教育研究的新景观。

第一章

教育图像及其阐释方式

本章主要通过对教育图像研究的兴起及其发展的考察，梳理图像研究在理论和方法上的演变与推进，并且把图像作为方法，阐明图像所具有的学科立场和理论范式。从莫雷利、瓦尔堡、潘诺夫斯基的图像学理论到皮尔士的符号理论和霍尔的文化研究，从对细节的关注到对内在意义的发掘，再到强调意指活动即意指关系与意指过程，图像理解过程中解释方法和理论范式不断发展与演进。在此基础上，本章结合对中国古典传世教育图像的研究，提出了教育图像阐释的三种方式。

一、教育图像研究的发展

德国学者瓦尔堡在20世纪初提出以视觉图像收集创建“可视的历史记忆库”，其“图像学”对现代文化史研究产生了很大影响。80年代历史学界出现了“图像转向”，如《历史交叉学科杂志》的专刊《艺术与历史：图像及其含义》探讨了将图像运用于历史研究的问题。在理论上，英国艺术史学家哈斯克尔（F. Haskell）的《历史及其图像：艺术及对往昔的阐释》（2018）勾画了一部“图像证史”观念的变化史。荷兰文化史学家赫伊津哈（J. Huizinga）的《中世纪的秋天：14世纪和15世纪法国与荷兰的生活、思想与艺术》（2008）则提出了我们对于各个历史时期的理解在多大程度上受到了视觉艺术的影响的问题。在对 14、15 世纪的绘画进行解读的基础上，他认为绘画除了具有艺术价值外，还具有实用功能，如家庭肖像画承载了家庭道德价值，诸如对生活的感情、对父母的爱等。

在艺术史研究中，图像更是理所当然地受到重视，出现了众多著述，具有代表性的著作有巫鸿的《礼仪中的美术：巫鸿中国古代美术史文编》（2005）、邹清泉的《北魏孝子画像研究:〈孝经〉与北魏孝子画像图像身份的转换》（2007）、林巳奈夫的《刻在石头上的世界：画像石述说的古代中国的生活和思想》（2010）、柯律格（C. Clunas）的《长物：早期现代中国的物质文化与社会状况》（2015）、高居翰（J. Cahill）的《致用与娱情：大清盛世的世俗绘画》（2022）等，这些研究广泛地涉及了图像与传统文化思想及社会生活的密切关系。而曼素恩（S. Mann）的《缀珍录：十八世纪及其前后的中国妇女》（2005）、白馥兰（F. Bray）的《技术与性别：晚期帝制中国的权力经纬》（2006）、孟久丽（J. Murray）的《道德镜鉴：中国叙述性图画与儒家意识形态》（2014）等，则从生活图像、农事图像与叙事性绘画等方面涉及了中国古代教化图像的诠释。

国际知名的日本教育史学家石附实则比较早地提出了有关教育图像学的想法。他从西方教育史研究对于图像考证的重视出发，认为：

> 单纯地用文字、文章的说明难以使人明白的事物，倘若用绘图或图象来描写，就会显得容易理解得多。在教育史和比较教育研究中追踪探讨以这类图象和象征符号、绘画等等形态表现出来的具体形象，将是大有助益的。当然，绘图不能说明一切，但可以作为一

个有力的阐述手段，则是肯定无疑的。（石附实，1993）

他还以夸美纽斯的《世界图解》为例，指出从1672年、1685年、1746年及1777年不同版本图书的“学校”一章中的教室图绘，可以看见一个多世纪中教室情景样态的变化：师生的形象逐渐突出，窗帘和书架出现，教室越来越像教室；师生的服装从中世纪的僧侣服变成了长袍。他进而指出，“中国和日本都有类似于《世界图解》的图集，诸如《三岁图汇》、《和汉三岁图汇》或是各种《训蒙图汇》、《工匠集成》（配词），除了古往今来的种种画卷，节用集、浮世绘之外，还有往来物中的插图等等，有着丰富的绘图积累”（石附实，1993）。他期待将国际学运用于从古代直至现代的教育史和比较教育的研究。

从欧洲来看，法国中世纪史、社会史名家阿利埃斯（P. Ariès）的《儿童的世纪：旧制度下的儿童和家庭生活》（2013），通过考察四个世纪的绘画和日记，以及游戏、礼仪、学校及其课程的演变来追溯儿童的历史。其中运用反映儿童形象及其变化的插图绘画，来说明儿童形象的变化及其地位的演变；运用15世纪的年历画和16、17世纪的肖像画，描绘了儿童角色的出现过程和家庭的观念。

沃尔（C. Wall）则利用1940—2000年英国教师工会的有关教师期刊和职业文学形式的视觉资源中的教师图像，来描绘教师职业形象的变迁，探讨了视觉意象作为“交际符号”和“社会事实”如何积极促进性别化教师身份的形成，如何构成教师职业文化的重要组成部分，以及对教师职业身份有何影响（Wall，2008）。

洪明、赵森基于2008—2019年五种教育史英文期刊的知识图谱分析，对国际教育史研究的特征、热点及走向进行了研究，提出：

> 近年来，教育史研究出现了一些新兴的领域，其中教育视觉史尤为明显，其倡导者主张将理解图像作为一种媒介活动，形成一种知觉模式，进而传达和解释文化。从这个意义上说，视觉历史不仅仅是对历史研究或视觉媒体历史的补充扩展，它涉及整个视觉实践领域，以及视觉体验和发展历史。在方法论上，视觉史学的研究设计是跨学科的，具有开放性的结构。（洪明 等，2019）

这一研究领域的发展在很大程度上受到视觉史的影响。但是，"目前，关于教育视觉史的探讨还是初始阶段，研究还不够深入，但已经受到教育史国际常设会议的高度关注，2018 年 2 月就'教育的视觉历史'进行了会前研讨会主题征集，主要关注五个重点领域：媒介类型（例如挂图、照片、绘画）、主题（如肖像、学校、教室、儿童）、机构背景（例如由学校博物馆组成的收藏）、区域重点（如欧洲）、学科馆藏（例如收集教育史）。随着研究的不断深入，教育视觉史会越来越受关注"（洪明 等，2019）。

洪堡大学客座教授米茨纳（U. Mietzner）等撰写的《视觉历史：教育图像》（*Visual History: Images of Education*）针对有关再现的问题，批判性地探讨了不同类型的视觉材料在阐明历史研究方面的潜力。从 19 世纪教室中使用图片方案的探索到当代流行的学校教育表现形式，这部文集呈现了案例研究以及关于方法、价值和历史研究本质的理论思考。它认为图像在儿童文学、课堂教学的历史归纳、过去实践的再创造和政府政策的宣传中得到了检验，并把教育愿景和“视觉转向”及其对历史学家的价值、与知识建构和档案问题的关系等放在一起讨论。采用诠释学方法就是研究有关符号意义的基本问题：图像仅仅反映了存在的东西吗？还是说，图像反映了一个有意识的再现行为的意图？（Mietzner et al., 2005）[10] 这些问题，显然受到了符号学与视觉理论的影响。

在我国，图像的教育功能很早就得到了阐述。唐代画家张彦远在《历代名画记》开篇“叙画之源流”中即指出：“夫画者，成教化，助人伦，穷神变，测幽微，与六籍同功，四时并运，发于天然，非由述作。”他认为绘画能够起到教育作用，使人们确立生活的道德规范。这种功效与经书典籍相同，并符合四季循环往复的自然规律。他又说：“洎乎有虞作绘，绘画明焉。既就彰施，仍深比象，于是礼乐大阐，教化由兴，故能揖让而天下治，焕乎而词章备。”在《尚书·益稷》中有虞氏（即舜）说他观察了日月星辰以及自然界中各种生物的形态后，在衣服上绘制出五彩纹样，由此人的高低尊卑得以明确，礼乐得以阐发，教化由此兴起，国家得以妥善治理。而且他认为“记传所以叙其事，不能载其容；赋颂有以咏其美，不能备其象。图画之制，所以兼之也”，并引用西晋陆机的话“宣物莫大于言，存形莫善于画”，强调了图像教化的独特功能。（张彦远，2011）[1-3]

到了宋代，重视图谱的史料价值，把图谱提到与图书文献同样高的地位的，无疑是郑樵。郑樵在《通志》中创立“图谱略”，指出，“古之学者为学有要，置图于左，置书于右，索象于图，索理于书”。他更认为应将传世的图像资料纳入史学，“天下之事，不务行而务说，不用图谱可也。若欲成天下之事业，未有无图谱而可行于世者”，进而强调“见书不见图，闻其声不见其形；见图不见书，见其人不闻其语。后之学者，离图即书，尚辞务说，故人亦难为学，学亦难为功”。(《通志·图谱略》）经郑樵的不懈努力，图谱之学在宋代之后得到了较大程度的发展。

在现代中国，发扬图谱之学的则是郑振铎。鉴于历史书籍缺图少图的状况，自20世纪20年代初期到上海商务印书馆工作开始，他便在研究中国古代小说、戏曲的同时，留意于刻本插图、艺术画集等。他在所编纂的《中国历史参考图谱》的“跋”中强调：

> 从自然环境、历史人物、历史事件、历史现象到建筑、艺术、日常用品、衣冠制度，都是非图不明的。有了图，可以少说了多少的说明。少了图便使读者有茫然之感。(郑振铎，1994）[618]

积几十年的收集之功，他编纂了《中国版画史图录》《中国历史参考图谱》《域外所藏中国古画集》《中国古明器陶俑图录》《韫辉斋藏唐宋以来名画集》《中国古代木刻画选集》等大型图籍，并著有《中国古代木刻画史略》。

进入21世纪后，图谱之学与图像研究兴起，关于中国历史图像的研究也取得了进展。如葛兆光从思想史研究视野出发展开的图像研究（葛兆光，2002；葛兆光，2018；葛兆光 等，2020），陈平原以晚清画报为研究对象，围绕近代报刊与教育、图像叙事与启蒙、画报与女学、新学与儿童等近代文学及文化史论题的研究（陈平原，2008），使思想史开始重视图像文献，使用图像叙事反映中国现代化的进程。而中国图像史学更是成为学界的研究热点，《中国近代图像新闻史：1840—1919》（韩丛

耀 等，2012）、《中华图像文化史》（韩丛耀，2016—2022）等相继问世，开拓了新闻传媒史、图像文化史等研究视角。但因学科学术取向不同，它们对教育话题虽有涉及，但主要是探讨文学或文化史本身。

教育学领域对于中国教育历史图像的研究虽然起步比较晚，但也做出了有益的探索。从21世纪初起，教育学者对一些在历史上具有典型性与文化图式意义的教育图像进行了深入的专题考察，如探讨《村童闹学图》、“屏风绘画”等传统风俗画背后的教育生活或教化叙事（丁钢，2015；丁钢，2017），通过图像解读古代讲学方式与空间组构演变的教育意蕴（丁钢，2016），揭示耕织图等中的男耕女织文化母题背后的厚生主旨、社会生活的教化意向、诗图互释的教育话语（丁钢，2019），对两汉教育活动场景图像的研究（赵国权，2016），对清末修身教科书插图的德育内涵以及延续中国叙事性绘画“图像教化”传统的思考（王独慎，2018），还有以晚清通俗画报考察社会教育、精英知识分子的理念如何渗透到普通民众的生活之中并塑造共同的社会心理的研究（周慧梅，2022），等等。这些研究通过对图像所具有的教化意蕴进行图像证史和图文互证的深入解读，不仅开拓了教育图像的研究，也提供了另一种教育文化研究的视域。同时，这些研究也呈现了对教育图像研究方法路径的探索。

二、作为方法的图像

把图像作为方法，意味着图像具有了学科立场和理论范式。事实也是如此，如从莫雷利、瓦尔堡、潘诺夫斯基的图像学理论到符号理论和文化研究，正是在对图像的理解过程中不断发展的解释方法，促进了图像学的形成和图像理论的演进。

伯克（P. Burke）在《图像证史》中提到，意大利历史学家金兹堡（C. Ginzburg）在一篇著名的文章中把福尔摩斯的破案方法与弗洛伊德在《日常生活的心理分析》（*Psychopathology of Everyday Life*）中提出的研究方法进行了对比，把追踪细小线索称作认识论的范式，以直觉取代推理。正如金兹堡所提到的，还有一位观察家十分重视有意义的细节，他就是意大利艺术鉴赏家莫雷利。（伯克，2008）[35]

金兹堡这篇著名的文章即《线索：一种推定性范式的根源》。在这篇文章中金兹堡指出，莫雷利认为不应该像人们通常所做的那样，关注画作中那些最明显因而也是最容易被模仿的特征。人们应该去研究那些最容易被忽视的细节，正因为它们不被注意，所以受画家所属流派特点的影响较小。金兹堡在比较了莫雷利、福尔摩斯和弗洛伊德各自所用的方法后指出，他们三人都能够借由极细微的痕迹，领悟到更加深层、以别的方式无法触及的现实。而有趣的是，三人都有医学背景，我们能从其方法中隐约看到一种医学症状学的模式。这门学科透过各种症状，诊断出无法被直接观察到的疾病，而那些表面症状在外行人眼中，则是无关紧要的。莫雷利试图在受到文化制约的符号体系——例如绘画——的内部，寻找像症状（以及大多数线索）那样无意识的迹象。在其中，莫雷利辨识出了有关艺术家个性的最确切的线索。（金兹堡，2017）[4-39]

按照莫雷利的描述，这种方法是解读“套式的语言”，即仔细地考察绘画中的细节，例如手或耳朵的形状。每个艺术家都会有意或无意地用自己独特的方式来表现手或耳朵的形状。因此，莫雷利可以凭借这种方法识别出譬如说波提切利（S. Botticelli）或贝利尼（G. Bellini）画耳朵或画手的“基本套式”（Grundform）。这些套式可以说是画家的符号。在莫雷利看来，这是比文字档案更为可靠的证据（伯克，2008）[36]。伯克指出，20世纪初德国艺术史学家及现代图像学的创始人瓦尔堡写过一篇论波提切利如何表现头发和织物飘动的著名文章，虽然其中没有提到莫雷利的名字，但可以把此文看作将他提出的方法应用于文化史研究的成果。伯克进一步总结道，通过细节的分析对图像做出解释，这种做法就是“图像学”（iconography）（伯克，2008）[36]。

吴琼在关于瓦尔堡图像学的思想脉络的研究中认为：

> 立足于细节的症状式阅读就是他处理图像的核心技术。与同时代维也纳的艺术史家不同，瓦尔堡很少从单纯形式或知觉的层面去讨论艺术作品的风格，在他的理解中，风格并非美学意义上的纯形式结构，而是一个需要在历史语境中进行透视的文化存在；也与潘诺夫斯基不同，瓦尔堡不满足于把图像本身的主题和意义当做一个有待破译的所指库，他所关注的是意义或价值在图像史和文化史中的传递与变形。总之，作为一位图像学家，瓦尔堡没有把图像视作其形式和价值已然凝定在此的、自足的在场之物，相反，图像之于他只是通向文化深处的中介，图像是时代文化的症状，而图像与文化是通过隐秘的精神象征联系在一起的，在此真正重要的一点是，这些象征常常不是存在于对图像显层的意义呈现起着主导作用的形式或主题中，而是存在于图像的某些特殊细节中。（吴琼，2016）

汉堡学派研究图像的方法在德国艺术史学家潘诺夫斯基那里得到了

长足的发展。在与瓦尔堡、卡西尔的交往中，受他们二人的影响，潘诺夫斯基关注到客观性是与感觉的主观性相对的，他把历史和知识论的历史加以联结，进而考察了观念与图像之间的关系，并把古典主题的各种演化解释成哲学观念变异的征象，发展出了图像学方法。在 1939 年出版的《图像学研究：文艺复兴时期艺术的人文主题》（*Studies in Iconology: Humanistic Themes in the Art of the Renaissance*）的导论中，他系统地阐述了图像志和图像学的研究方法及其区别。

他区分了作品的主题或意义的三个层次。第一个层次是“前图像志描述”。在这个层次，研究者基本上是在进行形式分析和自然意义的理解，通过自然对象再现和表现的特性，把握作品的事实性与表现性的主题，就作品本身的视觉品质来分析图像。当然，研究者必须有实际经验，即熟悉对象和事件，对不同历史条件下使用各种形式去表现对象和事件的方法有正确的了解。

第二个层次是“图像志分析”。在这个层次，研究者将某个图像断定为某个已知的故事或可以辨认的角色。其对象是约定俗成的题材，这些题材组成了通过图像、故事和寓言表现的特定主题或概念的世界，研究者需要有必备的知识，熟悉特定的主题和概念，并熟悉不同历史条件下运用对象和事件来表现特定主题与概念的方法以及对程序意义或习俗意义的理解。

第三个层次是“图像学解释”。在这个层次，研究者要把握图像的内在意义或象征意义与内容，包括政治、社会、文化的意义，建构“象征”价值的世界。解释的知识在于对人类心灵的基本倾向的熟悉和了解，或者说对一个民族、一个时代、一个阶级、一个宗教和一种哲学学说的基本态度的熟悉，并要把握在各种不同历史条件下通过特定主题和概念表现人类心灵基本倾向的方法。

潘诺夫斯基绘制了一个纲要式的对照表格，概括他试图说明的内容（见表 1-1）。

表 1-1　区分作品的主题或意义的三个层次（潘诺夫斯基，2011）[13]

解释的对象	解释的行为	解释的资质	解释的矫正原理（传统的历史）
第一性或自然主题——（A）事实性主题、（B）表现性主题，构成美术主题的世界	前图像志描述（和伪形式分析）	实际经验（对对象、事件的熟悉）	风格史（洞察对象和事件在不同历史条件下被形式所表现的方式）
第二性或程式主题，构成图像、故事和寓言的世界	图像志分析	原典知识（对特定主题和概念的熟悉）	类型史（洞察特定主题和概念在不同历史条件下被对象和事件所表现的方式）
内在意义和内容，构成"象征"价值的世界	图像学解释[深义的图像志解释（图像志的综合）]	综合直觉（对人类心灵的基本倾向的熟悉），但受到个人心理与"世界观"的限定	一般意义上的文化征象或象征的历史（洞察人类心灵的基本倾向在不同历史条件下被特定主题和概念所表现的方式）

他强调：

> 我们必须铭记，虽然表中的各个部分被严格区分，表现为三个独立意义的不同范围，但实际上，它们指的是一种现象，适用于作为一个整体的美术作品的各个方面。因此，从简表中看起来像是三种互不相关的研究方式，但在实际的工作中却彼此融合，成为一个有机的、不可分解的过程。（潘诺夫斯基，2011）[13]

对图像学研究方法加以应用的一个著名例子，是潘诺夫斯基在其学术生涯晚期（1951）所写的《哥特建筑与经院哲学：关于中世纪艺术、哲学、宗教之间对应关系的探讨》（*Gothic Architecture and Scholasticism: An Inquiry into the Analogy of the Arts, Philosophy, and Religion in the Middle Ages*）一书。在书中，他一开始就指出，单单从时间和地点这两个方面来看，哥特时期的建筑艺术与经院哲学之间明显存在一种同步关系，而且这两者之间的同步关系是那样强烈和显而易见，以至于很难用偶然和巧合来解释（潘诺夫斯基，2013）[2-3]。在用大量论证来追索建筑与哲学平行发展过程的基础上，潘诺夫斯基运用其图像学解释方式指出：

> 与一般的平行关系截然不同的是，经院哲学和哥特艺术之间的关系在我的理解中就是一种原因和结果的关系；与一般在个案中所具有的影响截然不同的是，这种因果关系是经过长时间的潜移默化才发生作用的，而不是片刻之间就直接地作用在某些具体的细节上面。这种发挥影响的过程我们还没有合适的词汇来描述它，暂且把它叫做思维习惯（mental habit）好了。（潘诺夫斯基，2013）[18-19]

这里所谓的“思维习惯”，即指导实际行为的思想准则，也是从经院哲学领域到建筑学领域的知识传播过程中两者形成同步关系的内在原因。

看上去潘诺夫斯基把两个原本平行的领域叠加在了一起，由此发现了二者之间的同步规律。实际上，他更是为了说明建筑形式都是社会思维模式或者意识形态的具体体现，建筑艺术在形式上落实了当时社会的主流意识形态。

潘诺夫斯基的图像学研究，试图让艺术史的研究同科学实验一样。他不强调所谓“时代精神”或艺术作品的形式规律，而是从具体的历史事实出发，把当时环境和社会的因素、艺术家的个人因素、具体的作品主题、象征功能和表现形式等放在一起加以考量。从这个角度讲，他的图像学研究创造了近现代艺术史研究的科学方法。潘诺夫斯基的图像学理论也引发过一些不同的意见，但没有人质疑他的方法及其在现代图像学的发展中具有的里程碑和纲领性的地位。他被公认为20世纪艺术史研究的集大成者。

也有学者讨论图像学是不是一种符号学，因为它研究内在意义及内容，这与符号学方法接近。符号学家皮尔士在论述符号特性时认为，符号具有三个特点——物质性、纯粹指示性应用以及诉诸心灵。他说道：

> 符号是这样一种对象，这种对象对于某个心灵而言指代着另一对象。我希望描述一下符号的特征。首先，跟其他任何事物一样，一个符号必须有属于它的一些性质，无论将其视为一个符号与否。所以，印在纸面上的词是黑色的，有（由）几个字母拼写而成，而这些字母又有特定形状。符号的这种特点我称为其物质属性。其次，一个符号必须与其所意指之物有某种真实的联系，使得当这一对象呈现，或者正如这个符号意指其所是的那样时，这一符号将如是意指之，否则则不然。……第三，一个符号要成为符号所必需的是，它应该被视为一个符号，因为只有对于那个如此考察的心灵而言它才是一个符号，而假如对于任何心灵而言它都不是符号的话，那它就根本不

是一个符号。它必须首先以其物质属性，但同时也以其纯粹的指示性应用为心灵所知。（皮尔士，2016）[180-182]

这里的第三特性在潘诺夫斯基看来，

这些被发掘出来的意义或可称之为内在意义［*intrinsic meaning*］或内容［*content*］。它与另外两种现象性的意义即第一性或自然意义和第二性或程式意义不同，它不是现象性的，而是具有本质性的。我们或可为之确立这样一条统一原理：内在意义不仅支撑并解释了外在事件及其明显意义，而且还决定了外在事件的表现形式。（潘诺夫斯基，2011）[3]

就符号学来说，在符号运作上，皮尔士认为符号时常以它自身以外的面貌出现。过去人们经常把直觉意义加诸对象，并将之归为某种文化符码的运作，但是符号的真正价值，在于使人们能够重新思索意义是为了什么。如果我们把图像作为符号或符号组合，对其的理解就不会仅仅停留在物质性、纯粹指示性应用的层次，同时也会关注到诉诸心灵或意义是如何展开的。从这种理解出发，符号理论最为重要的方面就是关注符号的功用——作为表达意义的载体。因此，对皮尔士而言，符号理论需要建立的观念是符号透过自身以外的意义指向自身，以及意义是观看者基于对符号的解读而形成的。换言之，一幅艺术图像能够像符号一样起作用，首先是因为它被视为艺术，但更重要的则是由观看者所描绘的、基于某种图像密码或图式所诠释的意义特征，这来自观看者与图像之间的联结。可以说，图像本身并不具有什么意义，图像之所以成为符号正是因为符号活动，即通过观看者的介入，图像才被赋予了意义。

> 图像是这样一种符号，这种符号要具有使之有意义的特点，即使其对象不曾实存；比如表示几何线条的铅笔画线就是如此。……任何话语，之所以意指其所意指之物，只是由于将其理解为具有那种意义。（皮尔士，2016）[307]

如上所述，符号正因为符号活动才具有了明确的研究对象，即意指活动（包括意指关系与意指过程）。符号要根据意指活动来定义，或者可以说，完全是根据关系与意指活动来定义的。在解释皮尔士的符号学设想与文本时，徐鹏认为，“皮尔士真正展开论述的却只有意指活动论与符号类型学。必须清楚的是：只有前者才是皮尔士符号学的核心（符号学之名 Semeiotic 即由意指关系 Semeiosis 而来），后者包含于并服务于前者”（皮尔士，2016）[370]。

从对内在意义的发掘，到强调由于观看者才能产生意指活动，这种对图像诠释的延展为后来的文化研究所承继和发展。

英国文化研究的代表人物霍尔在谈到表征与媒介时认为，意义即阐释。意义总是在不同的历史背景中跳转，总是与具体语境有关（霍尔，2013）[229]。与皮尔士的符号理论相呼应，他进而认为，意义并不内在于事物中。它是被构造的，是被产生的（霍尔，2003）[28]。它是意指实践，即一种产生意义、使事物具有意义的实践的产物。换言之，“意义是被表征的实践和‘运作’产生出来的。它是经由意指（也就是意义的生产）实

践而得以建构的”（霍尔，2003）[28]。而且，

> 意义的生产意味着存在一种符号工作、一种活动、一种实践，它必须继续给东西赋予意义，并向别人传达意义。媒介研究关注的正是产生意义的实践，即我所称的“意指实践”，这些实践包含在意义产生的过程中。（霍尔，2013）[226]

综上，图像研究，不仅仅是对各种图像媒介可见与不可见关系进行研究，更要通过研究各种图像表征的实践与运作，解释其中意义的生产和嬗变。

作为方法的图像研究已不囿于艺术史门类，它为其他学科的研究提供了借鉴，也为教育图像的研究方式和取向提供了有益的参考。

三、教育图像的阐释方式

那么，我们要怎样阐释教育图像？麦克卢汉（M. McLuhan）曾说过，他不清楚谁发现了水，但肯定不是鱼。换言之，当我们被淹没在某物中时，正如被来自媒介的图像所包围那样，我们也许会将它们当作真实的和自然世界的一部分来接受。我们只是在它们中间“游泳”，像鱼儿在水中那样，没头没脑地去吸收它们。从某种意义上说，文化研究希望我们做的是跳出水面然后去注视它，看看它如何塑造我们的存在，甚至批判地审视这洼水里有些什么（霍尔，2013）[220]。

正是在这个意义上，结合以上对图像研究的回顾以及对中国古典传世教育图像的研究，本书认为，教育图像阐释除了可以借用图像学的方

法，还可以采用以下三种方式。

1. 交互性的阐释，体现图像与时代的关系，以及在社会情感和意识形态方面的呼应

倘若从中国传统的绘画构图来看，中国民族文化及其思维方法从本质上说是关系性的，是以视角的流动贯通，形成整体性思维特点，并借助有意味的表象的选择，在暗示和联想中把意义蕴含于其间（丁钢，2009）。

视觉艺术通过视觉而非触觉或听觉进行交流。视觉艺术本身就属于一种交流形式，而无论这种交流是否存在被控制的情况。在这点上图像与影像还有共同点，影像很可能有意地引导人们的视线，图像也会如此，但图像更多地是引发“交流性观看”。因为，在大部分情况下，人们关于社会生活的常识是足够让他们去理解社会生活的表象的。人们所知道的和所看到的东西，处于一种社会知识与图像表征的关系之中，知识和表象交织在一起，视觉图像隐含了对于社会生活及其秩序的意识、行动和感觉方式。更明确一点说，在一般的意义上，图像既可以被理解和分析为一个文本，又可以被理解和分析为一种生活方式。

《孔子家语》“观周第十一”有谓：“孔子观乎明堂，睹四门墉，有尧舜之容，桀纣之象，而各有善恶之状，兴废之诫焉。又有周公相成王，抱之负斧扆南面以朝诸侯之图焉。孔子徘徊而望之，谓从者曰：‘此周公所以盛也。夫明镜所以察形，往古者所以知今。人主不务袭迹于其所以安存，而忽怠所以危亡，是犹未有以异于却走而欲求及前人也，岂不惑哉！’”这里说的是，孔子造访周代太庙时，看到四门的墙上画着尧舜桀纣、古代善恶男女，还有周公辅佐成王、怀抱成王背对屏风接受诸侯

朝见的画像。孔子来来回回地看，对跟从他的人说："这是周朝兴盛的原因啊！"

唐代张彦远在《历代名画记》中更是强调：

> 故鼎钟刻则识魑魅而知神奸，旂章明则昭轨度而备国制。清庙肃而罇彝陈，广轮度而疆理辨。以忠以孝，尽在于云台；有烈有勋，皆登于麟阁。见善足以戒恶，见恶足以思贤。留乎形容，式昭盛德之事；具其成败，以传既往之踪。（张彦远，2011）[2-3]

这是就图像本身而言。而从观画者的角度来看，

> 曹植有言曰："观画者，见三皇五帝，莫不仰戴；见三季异主，莫不悲惋；见篡臣贼嗣，莫不切齿；见高节妙士，莫不忘食；见忠臣死难，莫不抗节；见放臣逐子，莫不叹息；见淫夫妒妇，莫不侧目；见令妃顺后，莫不嘉贵。"是知存乎鉴戒者，图画也。（张彦远，2011）[3]

张彦远在指出绘画功用之时，也提出了绘画者和观画者的双向视角。图像不仅可以保存历史与现实的借鉴和训诫意义，而且可以激发人们的道德意识和社会情感。

即使是山水画，亦如宋代大画家郭熙以为的那样："看此画令人生此意，如真在此山中，此画之景外意也。见青烟白道而思行，见平川落照而思望，见幽人山客而思居，见岩扃泉石而思游。看此画令人起此心。

如将真即其处，此画之意外妙也。”（《林泉高致·山水训》）

伯格（J. Berger）在《观看之道》中认为，

> 观看先于言语。儿童先观看，后辨认，再说话。但是，观看先于言语，还有另一层意思。正是观看确立了我们在周围世界的地位；……我们观看事物的方式，受知识与信仰的影响。……我们从不单单注视一件东西；我们总是在审度物我之间的关系。……所有影像（image）都是人为的。（伯格，2015）[4-5]

他强调了观看之物都是由于观看的人而产生意义的。

其实，如果换一个角度来看，图像的作者在以其精妙的绘制方式使说教性的图像更具审美愉悦感的同时，也使教谕性的内容成为审美背后的教化寓意，可见图像的呈现似乎隐藏着作者的双重意图。以古代屏风图像为例：在中国古代社会中，屏风从来就不仅仅作为一种器物而存在，无论在政治场合还是在文人的生活居所，屏风的空间布局和屏风图像的呈现方式等都带有很强的教化意味。从起初叙事性的绘画到宋元山水屏风图像，从以人物画为主来达到对人劝导和教化的明确目的，到讲究心境意绪和心灵默契的山水图式视觉隐喻，屏风及其图像具有明显的社会功能。这是绘者与观者的双向作用，而这种双向作用根植于这种图像教化传统之中。

可以说，不仅仅观看之物由于观看的人而产生意义，而且观看之物本身也内含意义。在这个意义上，这种“交流性观看”也正是出于双方意义上的联结，“观看行为”在相互交换的过程中产生效果，也延展了图像作品的价值与意义。也正是观看之物和观看之人之间的互动交流，使教育图像能够产生知识和情感交流。

这点也似波萨克（R. Bohnsack）在《图片阐释：作为一种质性研究的方法论》一文中所说，“当我们说‘通过图片来理解’世界以及我们所处的社会时，也就意味着图片不仅‘呈现并表达’着世界与社会现实，同时还构造并生产着社会现实”（波萨克，2015）。

2. 相似性的阐释，体现为一种能指与所指的关系，以及两者之间的相契与分离

皮尔士曾指出，“毫无疑问，任一事物都是与之相联系的任何事物的符号，这种联系是通过相似性、相近性和因果性；而任一符号都唤醒所意指之物，这一点同样不可能有任何疑问”（皮尔士，2016）[100]。

这种观念在米歇尔（W. J. T. Mitchell）的《图像学——形象，文本，意识形态》中得到了发挥，符号学的图像观念不仅提供形象或画的定义，而且具有更大的意义。如皮尔士所定义的，图像是主要依其相似性再现其客体的符号，这个定义可以扩展从而把从图解到地图到代数式到隐喻等一切都包括进来。对皮尔士来说，“符号世界的完整描写是由图像、象征和索引——即由相似性或类比、习惯（词和其他任意符号）以及‘因果’或‘存在’关系（表示起因的踪迹；指指点点的手指）来表示意义的符号”（米歇尔，2012）[66]。

他认为我们现在使用的“形象”并不是任何物质的图画，而是抽象的、普遍的和精神上的“相似物”。米歇尔认为：

> 形象不应解作“图画”，而应解作“相似性”，是灵魂的相似性问题。（米歇尔，2012）[35]

当这两个词，即“形象”和“相似物”共同使用时，是为了说明形象并非被理解为图画，而是被理解为“相似物”，这里的相似是精神的相似。

其实，德沃夏克（M. Dvorak）早在20世纪初就开始关注精神对艺术创造的影响。《作为精神史的美术史》这部代表作便明确了他的方法论取向，即要理解任何一个时期的艺术，关键是要了解这个时期的精神史。在书中的“丢勒的（启示录）”中，他认为丢勒是将精神图像进行分解并使之融入图形表现的形式，同时强化其想象力，如此“精神直接诉诸精神”。他进而认为，丢勒将世界的本质看作精神，

> 体现了一种新的教育理想，一种新的宇宙性。不过，他不像莱奥纳多那样将宇宙性建立在科学经验主义的基础上，而是像三百年之后的歌德那样，不知疲倦地投入到一切可能占据人类心灵或激活人类想象力的活动中去。（德沃夏克，2010）[88]

德沃夏克坚持把理解和解释体现在图像材料中的个人与时代的文化和思想作为己任。这不仅对潘诺夫斯基有所影响，而且与皮尔士及米歇尔的思想相契合，成为透视图像的一种方式。

这对于本书中所讨论的村童闹学图也有启发。对于村童闹学图呈现的现象究竟是想象还是现实，学者们一直有着不同的看法。沈从文先生

在《中国古代服饰研究》中认为这是描写社会风俗人事、将平民生活作为对象的作品，是一种社会现实题材写生（沈从文，2011）[500]。也有人认为，人们一直把村童闹学图当作富有吉祥含义的年画，或是反映现实生活的风俗画。这个主题本来就不是某种真实存在的东西，它既不是约定俗成的社会风俗，也不是某个时代的某个真实景象，而画面中的各种情节其实全是出自想象，并没有真实的社会现实依据（黄小峰，2010）。甚至有人认为，也许可以把“村童闹学”当成一个寓言来解读（刘勇强，2011）。

我们需要透过图像寻求真实的答案。通过对其背后的教育生活事件和历史真相的探究，可以发现：村童闹学图既非全是出自想象，亦非出于礼法文化的调剂而呈现的寓言，而是具有实在的社会历史依据。

一方面，图像之所以能成为一种历久鲜活的艺术并不是靠它与实物的真实性相符或对基本现实的反映，图像抓住的本质在许多方面与现实世界并不完全相符。对村童闹学图的诠释需要深入理解看似欢乐却又具有戏谑意味的图像背后，那种被遮蔽的现实生活中的塾师精神心灵上的尴尬和无奈。另一方面，图像之所以是符号，只是因为它被人们用来指称某物或某事，某一个符号作为能指可以脱离其初始所指对象而被挪作他用。就如闹学图在画家手里，由于身份与心境的隔离，成为生动而富吉祥意味的年画或风俗画表现方式。

3. 文化图式的阐释，通过长期积淀而形成并呈现出来的结构特征即一种文化图式的辨识

伯克在《什么是文化史》一书中曾经提及瓦尔堡关于文化图式（schema）

的说法，并且认为瓦尔堡的文化图式说法对之后的文化研究有相当大的影响。心理学家曾经做过这样的论证，即没有图式就不可能感知和记忆任何东西。这个观点也得到一些哲学家的赞同。波普尔（K. Popper）论证说，如果没有一个可供验证的假设，没有一个选择原则，可以让观察者看到模式而不是一片混乱，便不可能正确地观察自然（伯克，2009）[12]。

用于艺术绘画的图像研究，可以指在一定的主观意趣和文化状态下形成的一种具有概念共识的、相对稳定的绘画样式或审美方式。如贡布里希（E. H. Gombrich）所说，一定存在着一种特殊的艺术，它不是立足于观看（seeing），而是立足于知识（knowledge），即一种以“概念性图像”（conceptual image）进行创作的艺术（贡布里希，2000）[62]。这有些像瑞士语言学家索绪尔（F. Saussure）提出的一种语言学分析方法，索绪尔以时空观的哲学视角提出了语言研究的“共时性”（synchronic）与“历时性”（diachronic）。共时性要求对互相有联系的要素进行关系的分析，历时性要求从历史发展的角度去看待整个研究对象（索绪尔，1980）[132-135]。共时性与历时性的概念不仅体现在语言学上，从研究对象的要素之间的关系以及发展时序两个方面来看，它还具有普适意义。放到图像研究上，共时性研究关注一件作品所处的时代氛围，重视空间维度上的结构关系；历时性研究则着眼于一种母题或形式风格在时间轴上的变化，重视系统在时间推移的过程中作为一个整体的存在。

例如，在中国，从《诗经·豳风·七月》图到后世的耕织图，构成了农事图说的基本范式。富有意义的是，耕织图在南宋楼璹以后有许许多多不同的版本。无论是御制还是官刻或民刻的绘本、拓本、木刻、石刻的“母本”，无论是手绢、册页、立轴还是屏风或民俗年画等表现形式，其中的图像人物、情节等虽有增减，但基本结构相对统一。这也说明，在中国传统社会，男耕女织不仅仅是一种经济活动，更是一种道德和社会契约的践行，也正因为如此，“男耕女织”构成了最具典型意义的文化图式（概念性的绘画样式）。

利奥塔（J. Lyotard）指出，文化

> 可以是，并且已经是舞蹈和绘画，建筑和雕塑。……文化存在于一个民族与世界和与它自身的所有关系之中，存在于它的所有知性和它的所有工作之中，文化就是作为有意义的东西被接受的存在。（利奥塔，1997）[103-104]

耕织图类的绘画既处在民族文化与图像本身的关系之中，也是有意义的存在。当从概念图式出发把握绘画母题，使用定型的图式（如同既定的法则），使任何表现形式同化于既有的图式和模式时，耕织图则成为基本的艺术文化图式。这种对古典文化母题的延续和对其传统的继承，产生了在同一文化图式下相当多样的农事表现图像。或者说，对艺术所再现的文化图式或概念图式的理解，其实就在于揭示视觉艺术的图像寓意及其与社会生活的关系，了解其背后的话语方式和社会生活方式。

在这个意义上，图像所呈现的较为程序化或格套化的艺术表现方式具有重要的象征意义，其通过长期的积淀而呈现出来的结构特征，可以使文化图式成为具有文化性和民族性的知识框架与认知途径。文化图式作为在过去经验基础上积累并且更新的知识组合，对于我们对文化的认知和预期的形成具有重要的作用。因为，生活成长在某种特定的文化环

境中，人类的言行必定带有各自文化的印记。同时，文化图式是开放的，不是僵化、一成不变的。文化图式既能帮助我们感知、辨识民族的思维模式、情感反应以及认知途径，同时又能够使我们据此获得民族文化发展变化的脉络。

总而言之，教育图像的阐释希望通过对根植于日常生产劳动和流传于政治社会生活及民俗中的教育图像解析，破译教育图像所承载的教育史实，读解其中的教育文化和图像密码；通过对传世的教育图像的"观看"和"阅读"，用"图像记忆"的方式加以叙述，从"可见的"历史中读解出"不可见的"历史，探讨教育图像中道德思想、经济活动、市井生活等方面的内容；从具体直观的教育活动出发，去逼近教育的实相，并将人们引入栩栩如生和寓教于乐的日常教育生活情景之中，展现中国传统教育文化与精神的丰富内涵。

并且，这种阐释期望以跨学科的视野和研究方法，透过历史变迁中日常教育生活与艺术媒介形式之间的关系研究，了解和揭示以艺术图像为媒介的教育文化系统如何表现、再现和形塑中国人的思想观念、身份意识、道德认同、风俗习惯、生活方式、情感样式、物质文化、意识形态，进一步理解和拓展教育图像的传世价值，深入解剖和把握中国教育文化传统的精髓，为中国教育传统提供别样的文化诠释视角，形成学术范式新颖、内容鲜活生动的表达方式与研究样式。

第二章

村童与塾师的生活图景：一种风俗画的诠释

为什么从教育风俗出发？梁启超以为，“历史与旁的科学不同，是专门记载人类的活动的。……所有好的历史，都是把人的动作藏在事里头”（梁启超，1987）[172-173]，进而认为这种研究：

> 不但要留心他的大事，即小事亦当注意。大事看环境、社会、风俗、时代，小事看性格、家世、地方、嗜好、平常的言语行动乃至小端末节，概不放松。最要紧的是看历史人物为甚么有那种力量。（梁启超，1987）[174]

教育历史离不开人的活动，或者说，没有人的活动就无所谓教育历史。对于人的活动，我们必须从感知日常经验事实入手，从社会文化生活的角度来叙述人们的日常教育生活，以及它与社会文化和经济生活的关系（丁钢，2009）。由此，教育风俗便可以成为一个研究的视角。

一、教育风俗与风俗画

所谓教育风俗，是指“体现了某集团、某时代的教育现实特征的日常生活中常见的习俗”（石附实，1993）。教育风俗的概念将有助于我们从具体直观的教育活动出发，去逼近教育的实相，包括作为教育的惯例、习俗的种种礼仪与行为。因为，教育有着更加深刻的作为民俗、习惯性的风俗而存在的侧面。

白巍在论述宋代风俗画的发展时认为：

> 随着商业手工业经济在北宋的发展，城市进一步繁荣，风俗画成为北宋画家们乐于表现的题材，其创作内容空前广泛，涉及了市民生活的各个方面，如货郎、婴戏、仕女、车马、市街、城郭、耕织以及村牧、村医、村学、骡车运粮等。……北宋末到南宋初年，风俗画的创作进入了前所未有的活跃阶段。不但有《清明上河图》这样的宏（鸿）篇巨制，也有诸多的画家，留下了众多的优秀作品，全面反映了宋代社会面貌。（白巍，2004）[111-112]

洪再新将宋代风俗画概述为：（1）描写城市集镇的社会生活，包括时令风俗、商业贸易和民间戏艺等内容，代表着宋代风俗画的鲜明特色。它们集中反映了当时民间的习俗和风尚，开拓了这一时期新的人物画表现领域。（2）描写山村水乡的社会生活，如耕织捕鱼、舟车行旅和其他文化活动，这使农村风俗画题材更为充实、深化和扩展。即便采用传统的内容，宋代画家也在技巧上有所变化，形成了自己的风格。（洪再新，1985）也就是说，关于社会生活等风俗习惯的写实，是风俗画的一个基本特征。

但是，风俗画的研究状况却不甚理想，畏冬指出：

一方面，过去我国的美术史研究者受传统文人画理论的影响，研究的着眼点长期侧重于绘画艺术形式的鉴赏和探讨上，在诸如笔墨技巧、构图方法、敷色特点、作品真伪以及艺术思潮、绘画风格的产生发展和演变等问题上做了大量的研究工作，这些固然功不可没，但相对而言，对绘画作品的题材内容则重视不够，较少讨论，从而使众多的艺术水平不高而内容颇有史料价值的作品（特别是风俗画作品）一直名不见经传，鲜为世人所知，因此也就很难被其他学科的研究者加以利用，其本身所包含的史料也不能充分发挥作用。

另一方面，有关的人文科学研究者，在进行本领域的研究时，收集资料多限于历史文献或考古发掘，而对传世文物，尤其是对绘画作品则较少重视。不可否认，其他学科与美术史界基本隔离，对美术史研究成果需求甚少这样一种学术环境，也是造成风俗画等具有较高史料价值的绘画门类的研究少人问津、进展缓慢的原因之一。（畏冬，1991）

于是，胡懿勋从方法论的视角对风俗画进行深入研究，进而提出：

重视艺术与社会关系层面的研究中，使得与中国古代社会有直接联系的作品成为重要的对象；一些具代表性的单件作品或画料，或许是因为资料取得的方便，或者是作品本身呈现的特质即表明了这层意义，而成为新论题的焦点。中国古代风俗画作品群的研究亦是因为此种趋势而更加受到重视。中国美术史学界对风俗画的研究，从最早期的作品真伪考定、作品群的统计分析到目前以图像学方法

对作品内容意义解读，也如同过去对水墨作品普遍的研究般，从基础性及普遍性的研究中进展到深层的探讨。（胡懿勋，2004）

至于《村童闹学图》，沈从文从风俗画的角度认为：

陆放翁诗："儿童冬学闹比邻，据案愚儒却自珍；授罢村书闭门睡，终年不着面看人。"自注："农家十月乃遣子入学，谓之'冬学书'，所读杂子、《百家姓》之类，谓之'村书'。"本画正如把陆放翁诗加以形象化的一种尝试或解释。

又曹元宠题《村学堂图》云："此老方扪虱，众雏争附火。想当训诲间，都都平丈我。"写的正是冬天景象。末句系《论语》"郁郁乎文哉"读的别字。可知同类用村塾师生活作的主题社会风俗画，必相当流行。在宋代民间艺术家笔下，均极感兴趣，曾当成一个主题作种种不同反映。《天籁阁藏宋人画册》中就有两种村塾形象（另一为《孟母三迁图》）。永乐宫元人壁画中亦有村学图。（沈从文，2011）[499-500]

这里以流传于今的《村童闹学图》这一典型的教育风俗图像作为研究对象，结合现代图像证史的方法和文献佐证方法，进行图文互证的分析研究。研究在强调"村童闹学"的画题及其种种情节的同时，考察这种现象是出自想象或出于礼法文化的调剂而呈现的寓言，还是具有实在的社会历史依据，并以此来透视"村童闹学"这种风俗画及其背后的教育生活事件和历史真相，自下而上、以小见大地深入剖析和阐释教育历史事件及其具体过程中的意蕴。

二、村童闹学及其图说

嘉兴项元汴为明代著名收藏家、鉴赏家，项氏收藏文物的地方名为“天籁阁”，其所藏历代书画珍品，多钤有“天籁阁”等印记。项元汴将画家仇英所临摹的宋代绘画20幅辑为画册，后人称这本画册为《天籁阁旧藏宋人画册》[①]，《村童闹学图》即是其中一幅画（见图2-1）。

后来，《天籁阁旧藏宋人画册》几经流转，于清光绪年间转入李拔可之手。他经至交张元济劝说，将《天籁阁旧藏宋人画册》借给商务印书馆用四色版影印、宋锦装帧，非常名贵（刘亦实，2009）。根据文献，两宋时期并无“闹学图”的画名。[②]自商务印书馆出版后，20幅作品才有了画名。[③]《村童闹学图》的画名应该也是此时才获得的。此画描绘了一班在村校读书的顽童，在炎炎夏日，趁老师打瞌睡时，便四处嬉戏、捣蛋和扮鬼脸，把书室弄得翻天覆地。画家把孩子天真活泼的姿态细致生动地描绘了出来。

---

① 仇英摹《村童闹学图》及项元汴辑《天籁阁旧藏宋人画册》事，参见吴湖帆．吴湖帆文稿[M]．杭州：中国美术学院出版社，2004：52–53.

② 两宋文献中，多用“村学图”名称，尚未见“闹学图”名称，如《宣和画谱》卷十一记高克明《村学图》，郭若虚《图画见闻志》记陈坦《村学》、陈鉴之《题村学图》、曹元宠《题村学堂图》。明清时期亦沿用“村学图”名称，如文徵明题仇英《童子相戏》“未有如村学图之幻也”，厉鹗《题村学堂图》，董其昌称仇英“仿刘松年村学图”，清吴修《青霞馆论画绝句一百首》之《题南宋人画村学堂图》等。“闹学”一名则多见于戏剧文献中，依现有资料，最早见于陶宗仪《南村辍耕录》中“诸杂大小院本”之“闹学堂”，后代戏剧中多见“闹学”名称，如《牡丹亭》之“闺塾”又名“闹学”。

③ 《天籁阁旧藏宋人画册》20幅画作的名字，参见徐邦达．古书画伪讹考辨：下卷[M]．南京：江苏古籍出版社，1984：36.

图 2-1　[明] 仇英《村童闹学图》 绢本设色 《天籁阁旧藏宋人画册》之一
20cm × 20cm　上海博物馆藏

之后，“村童闹学”成为后世一个历久弥新的画题。

张彦聪分析认为，在摹本《村童闹学图》中，共有八个蒙童，顽戏的蒙童有五个，情态各异，互相独立：一个拿着毛笔，面露诡笑，似乎计划着给谁涂个花脸；一个站立桌前，左手托书，右臂前伸，正在演练武功；一个脱了鞋子，仰卧桌上，双脚顶着凳子，玩起了杂技；一个头顶书本，单脚踏在桌沿上扮鬼脸；一个头顶茶壶，身披书法卷轴，双手捧戒尺，装扮古人。在图中，戏弄先生的童子有两个，一个是先生背后“升冠”的童子，一个是庭院中为先生“画像”的童子（张彦聪，2012）。

文徵明题仇英另一幅画——《童子相戏》的扇面画，曾谓：

> 夫童子之相戏也，设涂尘陈俎豆，未有如村学图之幻也。中一人深衣高巾頫几而扣姬公。左一小子挂一蛛于其顶，右一举手而升其冠者，先生睡也。有枕书翘足弄几如丸者；有据膝峨坐涂眉抹目者；甚至覆水丞作冠，批学纸作羽，危立而若听宣颂者；亦或碧沙笼目而捉迷藏者。此皆童子戏也。独一子端坐不伍，临书摹仿，俨若师之范乎上者。伊为谁人，皆曰此文正公也。噫，何物宁馨，野鹤鸡群，生子当如之。诸婴豚犬耳。至笔法精工，布置句妥，洵非实父不能是，又在所当珍者。（易苏昊，2004）[420]

从中可知画中顽戏的蒙童也有八个，“升冠”的童子仍在，“画像”的童子不见了，“挂蛛”作为一种新的捉弄方式出现了。“覆水丞作冠，批学纸作羽，危立而若听宣颂者”和“枕书翘足弄几如丸者”似沿袭摹本《村童闹学图》的内容，不过“弄几”的蒙童多了一个喝彩的观众，戴面具扮作小丑。另五个蒙童分为三组：两个蒙童“据膝峨坐涂眉抹目”，两个蒙童“碧沙笼目而捉迷藏”，一个蒙童“设涂尘陈俎豆”（张彦聪，2012）。可见，《童子相戏》一方面沿袭了摹本《村童闹学图》的内容，另一方面融入了许多新的元素，如蒙童出现了结伴游戏的情况。

早在唐宋时期，中国民间游戏发展已呈鼎盛之势。许多传统游戏，诸如荡秋千、放风筝、蹴鞠、拔河、射箭、走马、游猎、斗草等，还有一些新兴的游戏，如马球、象棋、骰子戏、叶子戏等，都广为流行。唐人路德延的《小儿诗》对儿童游戏有充分的展现，正如明人瞿佑《归田诗话》所言，此诗“曲尽儿嬉之状”，多姿多彩的儿童游戏娱乐活动跃然纸上。

《小儿诗》如下：

情态任天然，桃红两颊鲜。乍行人共看，初语客多怜。
臂膊肥如瓠，肌肤软胜绵。长头才覆额，分角渐垂肩。
散诞无尘虑，逍遥占地仙。排衙朱阁上，喝道画堂前。
合调歌《杨柳》，齐声踏《采莲》。走堤行细雨，奔巷趁轻烟。
嫩竹乘为马，新蒲折作鞭。莺雏金镟系，猧子彩丝牵。
拥鹤归晴岛，驱鹅入暖泉。杨花争弄雪，榆叶共收钱。
锡镜当胸挂，银珠对耳悬。头依苍鹘裹，袖学柘枝揎。
酒殢丹砂暖，茶催小玉煎。频邀筹箸挣，时乞绣针穿。
宝篋拏红豆，妆奁拾翠钿。戏袍披按褥，劣帽戴靴毡。
展画趋三圣，开屏笑七贤。贮怀青杏小，垂额绿荷圆。
惊滴沾罗泪，娇流污锦涎。倦书饶娅姹，憎药巧迁延。
弄帐鸾绡映，藏衾凤绮缠。指敲迎使鼓，筋拨赛神弦。

帘拂鱼钩动，筝推雁柱偏。棋图添路画，笛管欠声镌。
恼客初酣睡，惊僧半入禅。寻蛛穷屋瓦，探雀遍楼椽。
抛果忙开口，藏钩乱出拳。夜分围榾柮，聚朝打秋千。
折竹装泥燕，添丝放纸鸢。互夸轮水碓，相教放风旋。
旗小裁红绢，书幽截碧笺。远铺张鸽网，低控射蝇弦。
詀语时时道，谣歌处处传。匿窗眉乍曲，遮路臂相连。
斗草当春径，争球出晚田。柳傍慵独坐，花底困横眠。
等鹊前篱畔，听蛩伏砌边。傍枝粘舞蝶，隈树捉鸣蝉。
平岛夸趫上，层崖逞捷缘。嫩苔车迹小，深雪履痕全。
竞指云生岫，齐呼月上天。蚁窠寻径劚，蜂穴绕阶填。
樵唱回深岭，牛歌下远川。垒柴为屋木，和土作盘筵。
险砌高台石，危跳峻塔砖。忽升邻舍树，偷上后池船。
项橐称师日，甘罗作相年。明时方任德，劝尔减狂颠。

杨秀清将其中的儿童游戏大致分为与植物有关的游戏、与动物有关的游戏、与日常生活有关的游戏和与体育、娱乐有关的游戏四类（见表2-1）（杨秀清，2013）。

表 2-1 《小儿诗》中的游戏分类

与植物有关的游戏	竹马游戏	嫩竹乘为马，新蒲折作鞭
	收集杨花、攀摘榆钱的游戏	杨花争弄雪，榆叶共收钱
	斗草游戏	斗草当春径
与动物有关的游戏	养宠物游戏，如玩小狗、小鸟等	莺雏金镟系，猧子彩丝牵。拥鹤归晴岛，驱鹅入暖泉

续表

与动物有关的游戏	爬上屋檐捉蜘蛛、掏鸟窝游戏	寻蛛穷屋瓦，探雀遍楼椽
	寻喜鹊和蛩、抓蝴蝶、捉蝉、玩蚂蚁和蜜蜂游戏	等鹊前篱畔，听蛩伏砌边。傍枝粘舞蝶，隈树捉鸣蝉。蚁窠寻径斸，蜂穴绕阶填
	张网捕鸽活动	远铺张鸽网
	钓鱼游戏	帘拂鱼钩动
与日常生活有关的游戏	模仿官衙升堂游戏	排衙朱阁上，喝道画堂前
	唱歌跳舞游戏	合调歌《杨柳》，齐声踏《采莲》。指敲迎使鼓，筋拨赛神弦
	学说书唱戏的游戏	头依苍鹘裹，袖学柘枝揎。戏袍披按褥，劣帽戴靴毡
	装扮古人游戏	展画趋三圣，开屏笑七贤
	唱儿歌游戏	詀语时时道，谣歌处处传
	围着柴火堆听故事	夜分围榾柮
	打柴、放牛的活动	樵唱回深岭，牛歌下远川
	过家家游戏	垒柴为屋木，和土作盘筵
	日常生活中的恶作剧	忽升邻舍树，偷上后池船
与体育、娱乐有关的游戏	藏钩游戏	抛果忙开口，藏钩乱出拳
	荡秋千游戏	聚朝打秋千
	放风筝游戏	添丝放纸鸢
	下棋、吹笛游戏	棋图添路画，笛管欠声镌
	踢球游戏	争球出晚田
	捉迷藏游戏	匿窗眉乍曲，遮路臂相连

注：此表依据杨秀清论文中的分类编制。

杨秀清指出，作为唐代百戏之一的叠罗汉即在其中。敦煌壁画中的叠罗汉形象以儿童为主，见于莫高窟第361窟、第85窟等，最著名者当为莫高窟第220窟南壁《阿弥陀经变》中的化生童子（见图2-2）和第217窟《观无量寿经变》中的叠罗汉（见图2-3）。

其研究说明，敦煌石窟壁画中的诸多儿童游戏图像无佛经依据，其来源与现实生活密切相关。敦煌石窟壁画中的儿童游戏内容具有很强的

图2-2　[初唐]《阿弥陀经变》化生童子
莫高窟第220窟南壁

图2-3　[盛唐]《观无量寿经变》叠罗汉
莫高窟第217窟

模仿性。所用玩具多就地取材，简单易作。画中表现的许多儿童游戏，如顶竿、倒立、掷倒、玩木偶（傀儡戏）、步打球、水中嬉戏、叠罗汉等都可与路德延诗相印证（杨秀清，2013）。

后世的许多儿童游戏亦可从中追寻。如在历代变化的闹学图中蒙童玩的各种游戏，几乎都可以从唐人路德延《小儿诗》对儿童游戏的描述中得到印证。

以下所列举的清代华喦的《桐屋闹学图》（见图 2–4）、清代《村童闹学图》（见图 2–5）、民国谢闲鸥的《闹学图》（见图 2–6），呈现出蒙童从独立玩耍到结伴游戏的趋势，而且蒙童的游戏逐渐成为绘画的核心。

又如杨柳青木版年画《闹学顽戏》（见图 2–7）呈现的是学堂内塾师离去后，学生肆意嬉戏，恰好被归来的塾师撞见的场景。《九子十成》（见图 2–8）与《闹学顽戏》相似，描绘的也是孩子们趁着教书先生不在，在书房玩捉迷藏时的欢快场景。

《九子登科闹学》（见图 2–9）画的则是先生微笑地看着学童尽情嬉戏的情景。在杨柳青木版年画《十六子闹学》（见图 2–10）中，更是标明了游戏的名称，如打杠子、南阳关等为扮演游戏，而训子、打刀、卖胭脂等是与日常生活有关的游戏。

从这里也可看出，画家借着画题对民间儿童游戏风俗进行诠释，重心在于描绘孩童在学堂里欢闹的场景，或戏弄塾师，或趁其不在翻筋斗、舞刀棒、扮鬼脸等闹做一团，展示热闹非凡的各种儿童游戏。闹学图在画家手里，由于身份与心境的隔离，所指对象被挪作他用，更多地是透着喜气与人丁兴旺的生机，成为生动而富吉祥意味的年画或风俗画表现方式和基本样式。

图 2-4 ［清］华喦《桐屋闹学图》局部 轴
北京故宫博物院藏

图 2-5　[清]《村童闹学图》

53cm×78cm　北京故宫博物院藏

图 2-6 ［民国］谢闲鸥《闹学图》 纸本设色
61cm×95cm

图 2-7 ［清］《闹学顽戏》 杨柳青木版年画

61.5cm × 102.5cm 天津杨柳青木版年画博物馆藏

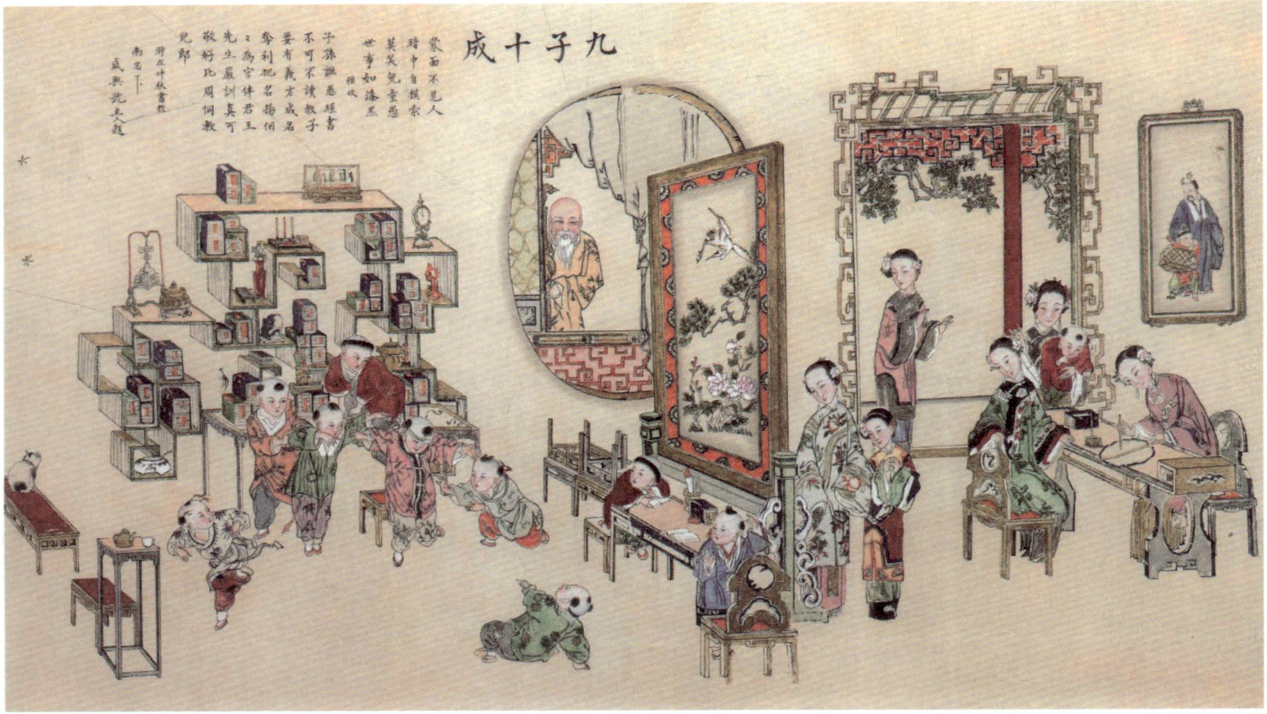

图2-8 ［清］《九子十成》 杨柳青木版年画
61.5cm×107.5cm 天津杨柳青木版年画博物馆藏

图 2-9 ［清］《九子登科闹学》 杨柳青木版年画

59.5cm×102cm 天津杨柳青木版年画博物馆藏

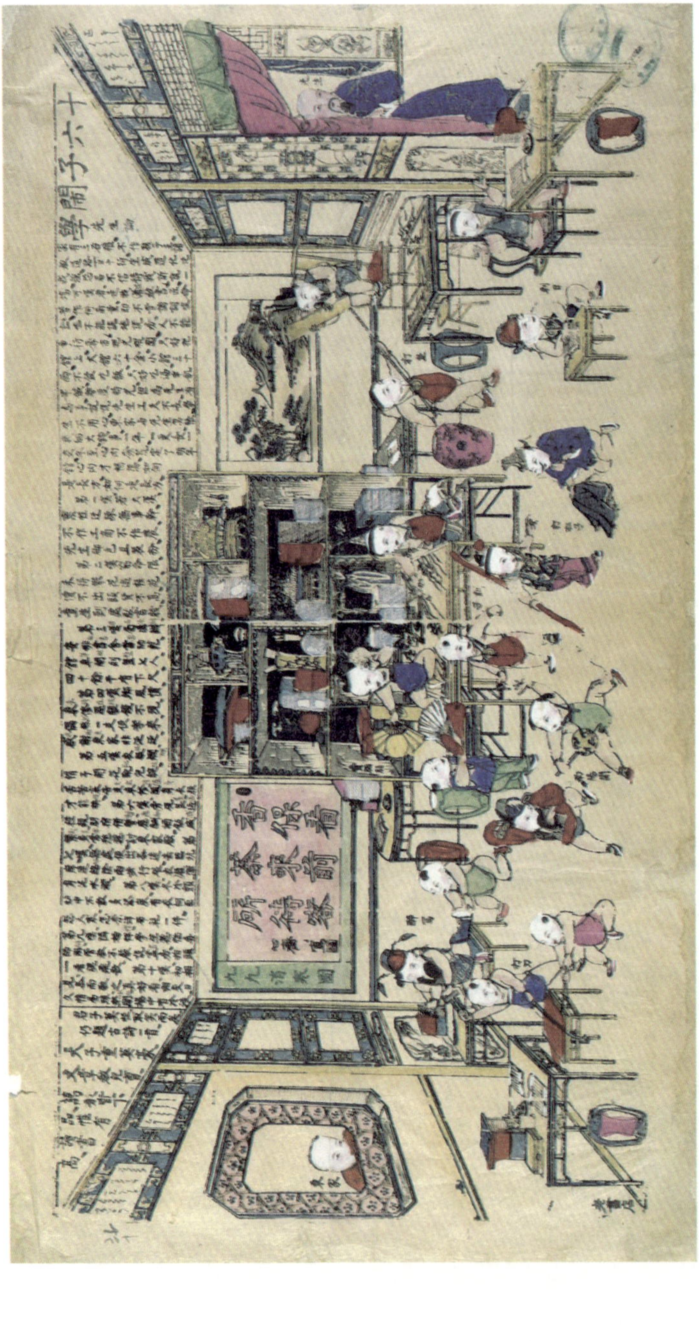

图 2-10 ［清］《十六子闹学》 杨柳青木版年画

64cm×112cm 天津杨柳青木版年画博物馆藏

三、塾师的地位与真相

“村童闹学”的现象是理想还是现实？有学者认为，人们一直把“村童闹学”当作富有吉祥含义的年画或是反映现实生活的风俗画的画题，并且不同意沈从文先生在《中国古代服饰研究》中将仇英这幅画视作“描写当前社会风俗人事，用平民生活作为对象的作品”，是“社会现实题材写生”。（沈从文，2011）[500] 其原因在于“村童闹学”本来就不是某种真实存在的东西，它既不是约定俗成的社会风俗，也不是某个时代的某个真实景象。凡此种种，都表明画面中的各种情节其实全是出自想象，并没有真实的社会现实依据。实际上，我们也不可能在中国古代社会找到一个这样闹腾的学堂（黄小峰，2010）。

也有人认为，“村童闹学”也许可被当成一个寓言来解读：当权威懈怠时，规矩便不复存在了。从另一个角度看，一种礼法当先的文化也不可能永远保持一本正经的姿态，有时也需要调剂一下，也会容忍甚至欣赏一下“闹”（刘勇强，2011）。

然而，胡懿勋特别指出：

> 风俗画在今天的研究探讨中，过于偏重图像风俗意义的解读，而使得对风俗画作品的艺术性价值的探讨相对受到忽略。即使在普遍研究中，大多是着力对风俗画图像的内容寻找历史文献中对应的关系，但是，却经常停留在“看图说故事”的层面，无法有效正确地发现图像所表示的内容意义。（胡懿勋，2004）

伯克也曾认为：

我们完全可以把18世纪末以来的这种视觉证据称作一种“类型”，即风俗画。风俗画作为一种独立的绘画类型出现于17世纪的荷兰。18世纪法国的艺术家（例如卡尔丹）和19世纪的苏格兰艺术家（例如维尔基）和美国的艺术家（例如宾厄姆）都把倘兰的风俗画当作学习的榜样。……（然而）把社会画当作社会的简单反映或当作一张社会快照来解读将会造成误读。（伯克，2009）[153-156]

究竟如何？我们需要透过图像寻求真实的缘由。

在中国古代社会中，儿童的启蒙教育大多由乡里民间的私塾来进行。私塾教师即为塾师，俗称私塾先生或先生。唐宋以降，充当私塾先生的主要是科举落第的秀才，甚至是连秀才也未中的童生（儒童）。通常，所谓“门馆”或“家塾”，都属塾师自己开办的私塾。而所谓“坐馆”或“教馆”，则是塾师受富贵人家聘请在其家设馆（设帐），专教自家子弟和亲友子弟。至于由村或族来聘请先生，并选址建馆来教授村族子弟的，可谓“村塾”或“族塾”。另外，还有由私人或私人团体创办并主持、经营和管理的私塾，称为“社学”，其中“义塾”或“义学”大多为寒门子弟而设。

宋代袁采在《袁氏世范》的“子弟当习儒业”中写道：

士大夫之子弟，苟无世禄可守，无常产可依，而欲为仰事俯育之计，莫如为儒。其才质之美，能习进士业者，上可以取科第致富贵，次可以开门教授，以受束脩之奉。其不能习进士业者，上可以事笔札，代笺简之役，次可以习点读，为童蒙之师。

这段话的意思是，士大夫子弟应该通过读书去考取功名，如此可以做官求得富贵，即使求其次也可讲学以获得薪俸，如果实在无法取得功名，则可做些文字工作，再次也可以开设私学成为童蒙之师。陆游在《放翁家训》中谓：

子孙才分有限，无如之何，然不可不使读书。贫则教训童稚以给衣食，但书种不绝足矣。

也就是说，哪怕实在缺乏天赋才分，但若能读书，即使穷些，还可以教教小孩子养活自己。

虽则有教书的机会，但在科举盛行的时代背景下，塾师的社会地位是相当低的，唐宋时期如此，明清时期更是如此。如俗语所谓“家有三斗粮，不当孩子王”，塾师几乎成了仕途无望的落魄文人的象征。

社会地位的低下，也直接导致了他们窘迫的生存状态。有学者通过对大量笔记、谱牒和地方志的分析，发现塾师的业外收入主要由耕田、从医卖药、卖文、卖字、卖画和相卜说媒等构成。但“教书是他们的本职工作，而且这种工作还可以获得包括束脩、食膳和节敬等在内的收入。那么为什么他们还要从事其他的行业或活动以获得业外收入呢？其原因非常复杂，但是出身贫寒，为家计所迫则是最主要的原因”（蒋威，2008）。徐梓在《明清时期塾师的收入》一文中指出，虽然塾师的收入不限于束脩，但束脩依然是其主要的收入来源。在绅士阶层中，以塾师的收入为最低。不具有绅士资格的普通塾师，所得就更加微薄（徐梓，2006）。在绅士阶层中，在经馆和书院教学的至少是生员，虽说他们的科举功名是最低的，但相比大多不具有绅士资格的普通塾师，他们的收入也要高出不少（张仲礼，2008）[278]。当然，历史上比如明代，生员也有充当塾师的，但其收入依然比经馆的塾师低。因为，根据讲授内容或受教育者的年龄，私塾有蒙馆与经馆之分。蒙馆即训蒙，专教蒙童记诵。经馆则治经学，专教学生治科举之业。蒙馆与经馆是童蒙开蒙、习举的两个不同阶段（陈宝良，2005）[297-309]。

不仅由于塾师的社会地位相比科举中第者低而影响了其收入，而且近世商业兴起，至晚清更甚，塾师的收入与从商者相比更加相形见绌，如刘大鹏抱怨：

> 近来吾乡风气大坏，视读书甚轻、视为商甚重，才华秀美之子弟，率皆出门为商，而读书者寥寥无几，甚且有既游庠序，竟弃儒而就商者。亦谓读书之士，多受饥寒，曷若为商之多得银钱，俾家道之丰裕也。当此之时，为商者十八九，读书者十一二。余见读书之士，往往羡慕商人，以为吾等读书，皆穷困无聊，不能得志以行其道，每至归咎读书，此皆未得书中滋味者耳……。（刘大鹏，1990）[17]

在明清时期，塾师的经济收入可谓千差万别，有的虽则比上不足而比下有余，但生计并无可靠的保障，因此难以专心教学而出现各种懈怠行为。

明代冯梦龙所编《笑府》中，有两个有关塾师“昼寝”① 的著名笑话。

一师昼寝，及醒，谬言曰：“我乃梦周公也。”明昼，其徒效之。师以界方击醒，曰：“汝何得如此？”徒曰：“亦往见周公耳。”师曰：“周公何语？”答曰：“周公说，昨日并不曾会尊师。”

师喜昼寝，弟子曰：“‘宰予昼寝’四字如何解？”师曰：“宰者，杀也；予者，我也；昼者，日中也；寝者，眠一觉也。”又问：“如何贯串？”曰：“便杀我也说不得，到日中定要眠一觉。”（冯梦龙，1998）[32-33]

可见塾师喜昼寝已势不可当。这类笑话当然是在贬低嘲讽私塾先生，显然有恶作剧成分，但不可否认，的确有相当一部分滥竽充数的私塾先生误人子弟，在招致世人轻视的同时，也降低了整个塾师职业的社会地位和声誉。

《吴友如② 画宝》中就有画作写实性地呈现了塾师的尴尬境地。丰子恺认为，《吴友如画宝》大都是记述的，在形式上，大都是写实的（或说

① 原文见《论语·公冶长》：“宰予昼寝。子曰：‘朽木不可雕也，粪土之墙不可杇也，于予与何诛？’子曰：‘始吾于人也，听其言而信其行；今吾于人也，听其言而观其行。于予与改是。’”

② 吴友如，江苏苏州人，清代著名风俗画家，其继承了明清版画木刻艺术，并吸收西洋画透视法，用写真的方式广泛描写社会风情，尤其擅长人物肖像画和界画。1876 年，英国人美查在创办《申报》后，又开办了点石斋石印书局。1884 年起，书局开始印制《点石斋画报》，美查聘吴友如担任《申报》主笔，专门绘编画报。1890 年吴友如辞去《点石斋画报》的工作，在英租界大马路和石路路口的公兴里独立创办《飞影阁画报》。宣统年间，上海璧园会社以巨资自吴友如哲嗣处购得粉本 1200 幅，编成《吴友如画宝》传世。此画宝分量甚重，共有 26 册。内容分 13 种：古今人物图、古今百美图、海上百艳图、中外百兽图、中外百鸟图、海国丛谈图、山海志奇图、古今谈丛图、风俗志图说、古今名胜图说、清朝将臣图、画宝补遗。

明的）。范曾为中国青年出版社重印的《吴友如画宝》作序云："吴友如的博闻强记、丰富多彩又断非任何人可以比肩。吴友如之所以有不朽的历史地位还在于他是中国新闻图画的第一人，而且我敢断言，是'前不见古人，后不见来者'的唯一人。"（范曾，1996）[138] 他还说："彼时参考资料甚少，唯有《吴友如画宝》助我，因其描写社会人生诸相，时代与鲁迅先生所描述正相合。吴友如之画技至工而格近卑，然其观察生活之仔细，描画物件之精到，自是无匹作手。我画鲁迅小说中某些场景如魏连殳之哭丧，其中棺材、丧幛、头巾等等细节绝对无误；华老栓家的床边马桶、手中的灯笼形象刻画入微，皆有赖于吴公多多。"（范曾，2012）[30]

如《吴友如画宝》中所描画的"朴作教刑"（见图 2-11），其题曰：

> 朴作教刑，载于《虞书》。为弟子而不率教，其朴责之固宜。近世训蒙家，患得患失。遇有富家子弟，娇惰性成者，非特不敢责罚，并且不敢加以词色，功课之有无，不计也。此种先生贻误匪浅。而一二桀傲者流，矫枉过正，毒楚横加，罔知顾恤，殊失善诱循循之旨。然此种人大抵年少气盛，欲速见功故犹。或有谅之者，若夫高坐，堂皇俨同官长，牙签飞去，铁索拘来，如录罪囚，严刑责比，此真狂妄之，尤可笑之。甚者，潞河某学究，开门授徒，擅作威福，月前某徒告慌假，数天，学究侦知之，勃然大怒，命数徒以铁索拘之来，跪于阶下，已乃据案坐馆中，生徒俱排列两旁，讯诘再三，喝令笞责二十下，徒坚不吐实，乃命锁闭一室，绝其饮食。其家闻之，甚为骇异，与之理论，并声言控告琴堂，将即以其人之道，还治其人之身。果而，谓非咎由自取哉。

图 2-11　[清] 吴友如《吴友如画宝 · 风俗志图说》第十一集上册之“朴作教刑”

此段文字讲到一个故事。通州潞河某学究，开门授徒。这位学究脾气比较大。有个学生撒谎请假，过了几天被学究发现了。学究勃然大怒，竟然让几个学生用铁索把他捆来，让他跪在台阶下，让其他学生排列两旁，自己则像县太爷一样审案。结果打了二十大板，学生还是不承认，于是学究把他锁在小黑屋里不给吃喝。后来学生家长知道这件事，惊骇得不得了，把学究给告了。结果学究经历了一次真正的审案，就像自己对学生那样。吴友如的评论是“咎由自取”。

弟子如不好好学，就可用戒尺责打。但近世有些塾师对于富家子弟打不得也骂不得，功课有无也不管，实在误人子弟。也有些塾师不好好劝导，急于求成，甚至严刑责打，如潞河那位过于严责的学究，招致家长不满。

早在明代作家朱载堉写的《醒世词》中，就有一首《教学难》，反映了塾师的两难处境：

> 教学难，教学难，好将道义惹仇嫌。出入由人管，饥寒谁可怜。打他就说不读罢，不打又说师不严。

诗中的“打”字体现了古代私塾先生比较普遍的训教方式及态度。但到了清末，开明人士还是不赞成体罚的。1904 年清政府颁布的《奏定学堂章程》，对体罚有明确的规定：13 岁以上的学生不能打，13 岁以下的最好不打。

又如晚清时期的刘大鹏先考取了秀才，后又中了举人，而后三次参加会试，均未中进士。于是，他在山西票号商人家塾中任塾师近二十年，再回到家乡后自谓：

> 予之幼时，即有万里封候（侯）之志，既冠，而读兵书，乃至中年被困场屋，屡败屡蹶，乃叹自己志大而才疏，不堪以肩大任，年垂四十，身虽登科，终无机会风云，不得已而舌耕度日。（刘大鹏，1990）[198]

他在当私塾先生期间，也曾在日记中记录了心酸的经历：

> 读书一场未能身登仕版，上致君而下泽民，而乃流落教学一途，受东家之气，被弟子之恶，真有负于读书矣。或谓教书足以传道，而道之传者几何也？（刘大鹏，1990）[72]

他曾自嘲曰："教书一事束缚此身，不得自如，凡有些须别事，则受累不少。读书之士不能奋志青云，身登仕版，到后来入于教学一途，而以多得脩金为事，此亦可谓龌龊之极矣。"（刘大鹏，1990）[71]

我们还可以从戏剧或文学作品中找到佐证。蒲松龄有《塾师四苦》《学究自嘲》《教书词》《先生论》《闹馆》等反映私塾先生境遇的作品。其中，杂剧《闹馆》① 可谓贫困塾师的生动写照，剧中和为贵沿街叫卖、与雇主礼之用讨价还价的尴尬境遇是对"礼之用、和为贵"的礼乐文化的强烈反讽，作者诙谐幽默的笔调加强了这种反讽效果。《闹馆》客观上显示了封建农耕经济的凋敝和礼乐文化的没落。

蒲松龄在他所创作的俚曲《学究自嘲》中，借私塾先生之口吟诵了一首自叙教馆生活经历的表白诗：

> 暑往寒来冬复秋，悠悠白了少年头！半饥半饱清闲客，无锁无枷自在囚。课少东家嫌懒惰，工多子弟结冤仇。有时随我生平愿，早把五湖泛轻舟。（蒲松龄，1998）[3343]

① 《闹馆》是蒲松龄创作的"戏三出"之一。见蒲松龄. 蒲松龄集 [M]. 上海：上海古籍出版社，1986.

这首诗可谓将当时私塾先生的教书状况及社会地位描述得淋漓尽致。蒲松龄《逃学传》也谓：

幸而往年觅的俱是头顶绝好的师傅，念书写字不好也是好，讲书作文不会也是会，将所作的文字多多加上些圈圈点点，逢人夸奖，说我是大成之器，日后有发解发魁之望，那还罢了；谁想我今年小运不济，觅了一个最不在行的师傅，他自上学以来，执笏掌板，拿腔作势，坐在一把椅子上动也不动，恰如泥塑的相似，钉子锭住一般。你说厌气不厌气！每日讲书作文，全不放我游走游走，比坐牢的更甚一遭。真正好苦也！（蒲松龄，1998）[3337-3338]

再看《都门竹枝词·教馆》① 中的“教馆先生”：

盘费全无怎去家？穷愁潦倒驻京华。逢人便说留心馆，房饭钱多不肯赊。一月三金笑口开，择期启馆托人催。关书聘礼何曾见，自雇驴车搬进来。谁道馆餐太不丰，两盘旁列碗当中。酸汤白菜飘羊肉，老米浇来粒粒红。派得馆童使唤难，由来欺负是寒酸。两餐打发全无事，那管先生渴口干。寒宵聊伴短檠愁，直待更深始倦眸。才起更时灯已灭，明朝自己要添油。日来愁绪满怀萦，偶尔闲游一出城。回去稍迟饭已过，枯肠直饿到天明。客拜纷投片子红，中间

① 竹枝词作为一种诗体，由古代巴蜀间的民歌演变过来，被唐代刘禹锡变成文人的诗体，对后代影响很大。其类型包括长期搜集整理保存下来的民间歌谣，具有浓郁民歌色彩的诗歌，以及借竹枝词格调写出的七言绝句。

隔绝是门公。寻常来往浑闲事，只怕家书也不通。偶尔宾东不合宜，顿思逐客事离奇。一天不送先生饭，始解东君馆已辞。三两言明按月支，支来两月便迟迟。束修漂了随君便，再请旁人做老师。谋得馆时盼馆开，未周一月已搬回。通称本是教书匠，随便都能雇得来。（杨米人 等，1982）[44]

另有《道光都门杂咏·教馆》的“漫将教馆作生涯，溺爱人多又喜夸。若欲处长徒哺啜，先求合式女东家”和《增补都门杂咏·散馆》的“蒙馆舌耕不自由，读书人到下场头。每逢年节先生苦，亲去沿门要束修”。（杨米人 等，1982）[77,98]

叶调元《汉口竹枝词》中有反映教馆先生生活的内容：“汉地教书贵莫伦，俗人也识圣人尊。学堂两字粘门口，恶丐流民不上门。贴‘学堂’二字，所以招徒；而乞丐远避者，知我贫也。”“蒙馆脩金不救穷，银硃茶水月收铜。蠢徒难得新书换，换日开荤面一中。银硃茶水，月有钱文。每换新书，请师吃面，此向例也。今则十革八九矣。我辈生意，不已穷乎？馆面有一连、一中、一长、一节之分，十一文为节，倍加至中连，则六十六文而已。”（叶调元，1985）[110]

事实上，蒲松龄《闹馆》中教书先生形同乞丐的情形，就是作者的自嘲。蒲松龄出生于一个败落的中小地主兼商人家庭，十九岁应童子试，顺利考取秀才，以后便屡试不第，直至七十一岁时才成岁贡生。为生活所迫，他除做过数年幕宾外，大半生就靠设帐做塾师来养家糊口。教书几乎是蒲松龄一生的唯一职业，年近七十方才撤帐回家，过了几年儿孙满堂的家居生活。蒲松龄对教书先生的酸甜苦辣深有体会，其作品就形象地反映了清苦的书斋生涯。

而冯梦龙自幼家贫，但其好学，读书甚多。早年在私塾里当教书先生。中年时期，靠卖文为生。科举道路同样十分坎坷，屡试不中，后来在家中看书。五十七岁时，才考取贡生。

叶调元在科场上也不得意，不过是一名秀才，由于一直未能中举，以致绝意仕途，浪迹他乡，寄情吟咏。长期流寓汉口，年过五旬之后，才刊行了花费十年心力写成的《汉口竹枝词》。

即使是杨柳青木版年画《十六子闹学》，在描绘孩童在学堂里欢腾游戏的情景外，也不忘题款“先生论”，九叹塾师的生活辛苦及窘迫的心境。

如此看来，一方面，也许由于画家身份与心境的隔离，“村童闹学”无论在艺术表现上如何生动和有趣，其美术图像本身与现实生活中塾师的尴尬和无奈境地仍有所疏离，表现的方式也在悄然变化。正如伯克所谓：

> 被表现者可能是从一定的距离上，用尊重的、讽刺的、挚爱的、调侃的或轻视的等各种不同的态度被观察的。因此，我们看到的画像是一种被画出来的观念，是带有某种意识形态和视觉意义的“社会景观”。（伯克，2008）[162]

另一方面，“村童闹学”的画题及其种种情节，既非全部出自想象，亦非出于礼法文化的调剂而呈现的寓言，而具有实在的社会历史依据。

> 教书之人，抱远志者甚少，区区方寸，只求个好馆地，每年多得几两修金，馔食好些，东家待之丰厚，如是而已矣，并不计依人门户度我春秋，终非久远之计。舍己之田，耕人之田，已涉自待之薄，志之卑、计之疏莫甚于教书一事，夫教书不过暂为糊口计，若作为终身计，则甚左矣。（刘大鹏，1990）[57]

刘大鹏的话也许表达了大多数塾师的心态。尤其是，乡村蒙学不同于书院及官学，学生在学习之余较为放松，以至于课堂上或课间会出现欢快嬉闹的场景，这也在情理之中。

通过透视“村童闹学”风俗画及其背后的教育生活事件和历史真相，深入剖析与阐释教育历史事件和过程中的意蕴，将流传于今的村童闹学图这一典型的教育风俗图像作为研究对象，把现代图像证史的方法和文献佐证方法有机结合，进行图文互证的解析，从教育风俗的角度结合相关的图像研究，无疑可以拓展教育文化研究的视野和领域。

一方面，对于以文字记载而难以使人理解的历史事物，用与其相关的历史绘画或图像来佐证，能够使我们更好地感触史实；另一方面，对以相关历史图像和象征符号、绘画等形态表现出来的具体历史形象，更需要我们透过现象深入解剖和理解其得以形成的教育历史背景及事物本身。伯克在《图像证史》中认为：“图像所提供的有关过去的证词有真正的价值，可以与文字档案提供的证词相互补充和印证。事实的确如此，特别是有关事件史的图像。”同时，“有关其他文化的图像，正如我们一再看到的那样，可能带有偏见，但作为证据，他（它）们恰恰证明了偏见的存在。这本身就是一件再好不过的事情”。（伯克，2008）[266] 视觉文化使人们观看图像的场所发生了变化，把人们的注意力引离结构完善的、正式的观看场所，如影院和艺术画廊，而引向日常生活中视觉经验的中心。如此，像村童闹学图这样的传统风俗画，便带来了别样的教育诠释。

第三章

讲学方式：教学空间组构的演变及图说

当我们深入探究中国教育历史与传统文化的关系时，可以发现讲学方式和空间布局结构之间似乎存在着一定的关联。那么，在中国教育历史上讲学方式及其所呈现的空间布局结构究竟存在怎样的关系，其中又有着怎样的教育意蕴呢？

《书院与中国文化》一书曾经对书院建筑与传统文化的关系做过探索，内容包括书院的分布与特点、风水理论与书院建置、环境的人文意蕴、内部格局与文化象征，也涉及书院的空间组构与功能，但未就书院教学空间及其教学关系进行深入探讨（丁钢 等，1992）[185-206]。而杨慎初所著《中国书院文化与建筑》的第三章专门讨论了书院的建筑特征，对书院选址与布局、意境与风格，以及规制与传统等方面做了研究，阐述的重点是书院的文化特色及其内涵，也未涉及本章所关注的内容（杨慎初，2002）[57-116]。值得关注的是王镇华所著《书院教育与建筑：台湾书院实例之研究》，该书可谓建筑中人对于书院教育与建筑的研究力作，对台湾书院建筑有着比较深入的讨论。王镇华注意到了书院教育目标与精神空间的关系，书院的讲堂在空间上布局的意义，则限于祭祀空间与讲堂的内在关系（王镇华，1986）。

书院出现时已经是唐朝，对于书院出现前讲学方式与教学空间之间的关系，我们更是知之甚少。

总的来说，教育学界对于本章所关心的问题讨论很少，而建筑学界关注的视角与此又少有关联。然而，了解这方面情形的目的并非仅在于弥补中国教育史的缺憾，也在于希望通过一定的探索，深化人们对教学与空间关系的理解。

一、讲学方式的演变

传说春秋时期人们已经注意到圣贤画像的教化作用，但至今有记载的最早的孔子画像，应是《三国志·魏书·仓慈传》中记载的东汉桓帝所建老子庙的壁上所画孔子之像。《后汉书·蔡邕列传》又记光和元年（178 年），汉灵帝在京城置鸿都门学时，命刘旦、杨鲁画孔子及七十二弟子像。可惜以上画像均已不存在。

浙江杭州孔庙有南宋绍兴二十六年（1156 年）根据北宋李公麟的画稿制作的石刻《孔子及七十二弟子像赞》（见图 3–1），它长 125 厘米，高 44 厘米，共计 15 块石刻。其中，孔子端坐在坐礅上，七十二弟子则均面向孔子而立。石刻背面刻着高宗赵构赞词及明人吴讷题记。

南宋马和之《孝经图》也描绘了孔子向曾子讲授孝德的场景（见图 3–2）。

明正统九年（1444 年），张楷根据《史记·孔子世家》，旁采《论语》《孟子》等，辑成《孔子圣迹图》（见图 3–3），以反映孔子生平的二十九件事。他还为每张图撰写了说明和赞诗。弘治十年（1497 年），何廷瑞等又新增九件事，将图扩至三十八幅后重新刻印。在此后的不同历史时期，该图除了在版式及绘制方式上呈现不同样式外，内容并无改变。

在吴彬《孔子杏坛讲学图》（见图 3-4）中，孔子正面端坐，两侧为颜子、曾子、子思、孟子，四人在聆听孔子讲学。五人均着大领广袖长服，用蓝布挽髻，坐蒲团。讲坛后有高镜形屏风，屏风后绘高大杏树，老干新枝，穿插交映，为严肃的讲学场面增添了生机。画左下角署款“枝隐吴彬敬写”并钤印记（车吉心 等，1989）[677]。

对于《孔子讲学图》（见图 3-5），《阙里文献考》记曰：“石壁下老松盘曲，文杏杂列，先圣执如意，凭几讲授。弟子拱立受教者一人，执香

图 3-1　[宋]《孔子及七十二弟子像赞》局部　石刻
44cm×125cm　杭州孔庙碑林藏

炉立者一人，拱手侍者二人；群聚讲业者十有六人，内一人抱琴，三人执卷，余或拱手，或敛袖，或曳杖，或行相问答。凡弟子在列者二十人。宋李唐画。”这幅画作虽然款署李唐，实则为明代人仿李唐之作（郭云鹏 等，2019）。

据上来看，除了图 3-1 与教学关系不大，其余图像则多少与教学有关。从中我们也许可以看出点端倪。当时孔子的讲学氛围还是比较宽松

图 3-2 ［南宋］马和之《孝经图》局部 绢本设色 册页
28.6cm×34.1cm 台北故宫博物院藏

图 3-3 《明版彩绘孔子圣迹图·退修诗书》 绢本设色
57cm×33cm　孔子博物馆藏

的，这似乎与《论语》所记录的问学方式比较相符。

在图 3-2、图 3-4、图 3-5 所呈现的教学情景中，孔子或坐在筵席上，或坐在磩上，或坐在石头上，与图 3-3 呈现的孔子坐在椅子上讲学不同。

孔子曾强调：

> 席不正，不坐。（《论语·乡党》）

东汉班固谓：

> 是以圣哲之治，栖栖遑遑，孔席不暖……。（《答宾戏》）

图 3-4 ［明］吴彬《孔子杏坛讲学图》 绢本设色

125cm×62cm 孔子博物馆藏

图 3-5 ［明］仿李唐《孔子讲学图》 绢本设色

166.5cm×85cm 孔子博物馆藏

这说的是孔子为了推行自己的学说而忙于奔走，每到一处坐席未暖，又要赶往他处的情形。

这两则记载可以说明，在孔子的时代讲学方式即为坐席而讲。

其实，对于孔子乃至儒家讲学时师生如何就座，秦汉以来很少见材料记载。《礼记·文王世子》记载："凡侍坐于大司成者，远近间三席。可以问，终则负墙。列事未尽，不问。"郑玄注："间，犹容也。容三席，则得指画，相分别也。席之制，广三尺三寸三分，则是所谓函丈也。"《礼记·曲礼上》记载："若非饮食之客，则布席，席间函丈。"郑玄注："谓讲问之客也。函，犹容也，讲问宜相对容丈，足以指画也。"

由此想见当时讲学时师生大体如此。因此，师生席地函丈，讲师也席地而坐罢了。

东汉末年，

> 管宁、华歆共园中锄菜，见地有片金，管挥锄与瓦石不异，华捉而掷去之。又尝同席读书，有乘轩冕过门者，宁读如故，歆废书出看。宁割席分坐，曰："子非吾友也。"（《世说新语·德行》）

此为后世所谓的"割席"即朋友断交的由来，这同样证明在汉代教学中普遍存在以"席地而坐"为特征的席居文化。

张良皋先生所著《匠学七说》中的研究也可证明这一点。书中第一部分即为"一说筵席——古中国席居之谜"。经过仔细考证，张良皋先生认为中国的席居制起源很早，自虞舜以下，中国是实行席居制度的。春秋战国时期也是，而鲁国更是礼仪之邦，最为讲究。整个汉朝，席居是普遍的。席居制度曾在中国长期广泛流行，消失的过程发生在南北朝之末、隋唐之初（张良皋，2002）[1-27]。

正如张良皋先生所言，整个汉朝，席居是普遍的。这从现藏于四川博物院的两块讲学画像砖也可见得（见图 3–6、图 3–7）。

沈从文在《中国古代服饰研究》中认为，图 3–6 呈现的是文翁在蜀中讲学的情形：

> 主题部分作一经师，着宽博儒服，戴前部高耸梁冠，据高榻，前列几案，展布简编，如有所讲授。其余诸人分别坐席上，各捧简册，恭谨听讲。……本图重要在讲经制度，比如主讲经师据高榻，陈典册于几上。其一侧二人连席，近似助讲身份。另一侧则四人连席，年龄位分必更低。（沈从文，2011）[218-219]

刘耀辉也以为：

> 秦始皇统一中国后，继续推行法家路线，严禁儒家文献留存人间，中国古典文化典籍遭到严重摧残，学校不存。但秦始皇重视法令，令天下黔首百姓“以吏为师”，“以法令为学”。汉承秦制，直到汉初，仍继续实行“吏师制度”。西汉初年，废除秦朝禁令后，各地民间私学又逐步恢复和发展。西汉景帝末年，蜀郡守文翁率先在益州成都设立地方学堂（现成都市内石室中学校址内），并派遣张叔等十余人，以官费赴京城学习五经和律令，回来当老师。四川省博物馆藏成都青杠领坡出土的一块“文翁讲学图”画象砖就反映了当时

这一史实。（刘耀辉，1995）

图 3-6 文翁石室授经讲学画像砖
40cm×46.8cm 四川博物院藏

图 3-7 东汉讲经画像砖
25cm×39.5cm 四川博物院藏

从图 3–6 也可看到，画像砖上的经师坐在矮榻上，弟子们则分别跪坐在他左右两侧的筵席上，双手捧简，恭敬地听老师传经讲学。一名学生的腰间还悬挂着用于刮削竹简的削刀。图 3–7 中三人皆戴进贤冠，师生设席于地相对而坐。跪坐姿势正反映了席居文化。其中，右一人似在讲授，左二人各执简牍。

再看展子虔的《授经图》（见图 3–8）。展子虔一生活动于北齐、北周和隋朝，传世之作有《授经图》《游春图》等。《授经图》所描绘的授经场景，也颇为符合当时讲学的情形。而传为唐王维画的《伏生授经图》（见图 3–9），画的是伏生[①]在汉文帝时讲授典籍的情景。

张良皋先生认为，唐时，筵席已经成为贵族朝廷的礼仪。而由五代时期的画家顾闳中描绘南唐大臣韩熙载在家里与客人夜宴情景的《韩熙载夜宴图》（见图 3–10）和周文矩描绘唐朝诗人王昌龄与其诗友在江宁县丞任所琉璃堂厅前聚会吟唱的《琉璃堂人物图》（见图 3–11）这两幅图可见，唐至南唐时，在上层官僚及文人生活中，椅凳已经是普通家具了（张良皋，2002）[1-27]

至于讲学升座（见图 3–3），则源于佛教。《法苑珠林》卷三十二引《三千威仪经》：“上座坐读经，有五事，一当先礼佛；二当礼经法上座。”读经为都讲，上座为法师。又引《十住毗婆沙论》：“法师处师子座有四

---

① 《汉书·儒林传》记载：“伏生，济南人也，故为秦博士。孝文帝时，求能治《尚书》者，天下亡有，闻伏生治之，欲召。时伏生年九十余，老不能行，于是诏太常，使掌故朝错往受之。秦时禁《书》，伏生壁藏之，其后大兵起，流亡。汉定，伏生求其《书》，亡数十篇，独得二十九篇，即以教于齐、鲁之间。齐学者由此颇能言《尚书》，山东大师亡不涉《尚书》以教。伏生教济南张生及欧阳生。张生为博士，而伏生孙以治《尚书》征，弗能明定。是后鲁周霸、雒阳贾嘉颇能言《尚书》云。”

种法，何等为四？一者欲升高座，先应恭敬礼拜大众，然后升座。”《四分律简众部》也说：“夫法师升座，先须礼敬三宝。”法师讲经须先礼敬三宝，后升高座（顾明远，1992）[375]。

受魏晋佛教风气所染，南北朝时儒家讲学有了讲师升座之举，如《南齐书》卷三十九说刘瓛“儒学冠于当时，京师士子贵游莫不下席受

图 3-8 ［隋］展子虔《授经图》 绢本设色
30.1cm×33.7cm 台北故宫博物院藏

图 3-9 ［唐］（传）王维《伏生授经图》 绢本设色
25.4cm×44.7cm 日本大阪市立美术馆藏

业”。所谓“下席受业”，应对称于“上座讲学”才是。《梁书·儒林传》描述时儒伏曼容：“时明帝不重儒术，曼容宅在瓦官寺东，施高坐于听事，有宾客，辄升高坐为讲说，生徒常数十百人。”

伏曼容的住宅靠近著名的佛教寺庙瓦官寺，该寺佛教讲学也很盛。从地理条件来讲，伏曼容“升高座为讲说”，也受到了佛教教育的影响。

这种讲学形式被儒家长期采用，也被后来的书院所采用。早在南唐庐山国学时期已有记载“升堂讲说”之事。《南唐书·朱弼传》记朱弼“每升堂讲释，生徒环立，各执疑难，问辩锋起，弼应声解说，莫不造理。虽题非己出，而事实联缀，宛若宿构。以故诸生诚服，皆循规范”。

图 3-10 ［五代］顾闳中《韩熙载夜宴图》局部 绢本设色
28.7cm×335.5cm 北京故宫博物院藏

图 3-11 ［五代］（传）周文矩《琉璃堂人物图》局部 绢本设色
31.3cm×126.2cm 美国大都会艺术博物馆藏

这说明，唐时升堂讲说已很流行，这种教学形式不同于个别教学，也不同于一般官学教学形式，而是更多地采用了佛教禅林的方式。朱熹在白鹿洞书院讲学时也予以采用。它后来成了书院教学的一般形式。

这与张良皋先生所说也可谓相互呼应，因此，图 3-3 表现的是明时画家对当时情形的想象，并不符合孔子时代的情况。

还有一点，刘耀辉在解读文翁讲学图时认为，画像砖

> 主题部分为一经师……，如有所讲授状。其余六人分别坐席上，各捧简册，恭谨听讲。其一侧（左侧）二人连席，近似助讲身份。（刘耀辉，1995）

所谓助讲，史缺记载，但儒家有所谓都讲生，则可见于《后汉书》。桓荣传记："荣卒，……除兄子二人补四百石，都讲生八人补二百石，其余门徒多至公卿。"（卷三十七）侯霸传云："成帝时，……师事九江太守房元。治《谷梁春秋》，为元都讲。"（卷二十六）丁鸿传记："鸿年十三，从桓荣受《欧阳尚书》，三年而明章句，善论难，为都讲。"（卷三十七）

生，即弟子。据以上史料可以看出，儒家的都讲与教师之间是一种师生关系。都讲可能是比一般学生地位高一些的高徒。儒家历来对弟子学业有升堂入室之谓。堂，为一般学生讲读的场所。室，为先生所居之处，常有弟子侍，他们一般都是先生最得意的门生。《后汉书》郑玄传说："因涿郡庐植，事扶风马融。融门徒四百余人，升堂进者五十余人。"（卷二十五）升堂听讲已非一般，况且是入室！都讲可能便是入室弟子之类。

另外，汉代私学都采用让高年级学生教低年级学生的方法。皮锡瑞在《经学历史》中说："至一师能教千百人，必由高足弟子传授。"（毛礼锐 等，1979）[177] 都讲也许就是指这类高足弟子。如果追根寻源的话，这可以说与古代教育的遗风有关。以稷下学宫为例，当时诸家云集，相互辩论，曾涌现出许多思想家与能言善辩之士，如田骈号称"天口骈"等。这种学术交流和互相争辩呈现出"百家争鸣"的学术繁荣局面，并使学术有了发展。如当时的黄老学派兼采儒、墨、法而发展了道家学说，自成一家，便是一个例证。此外，在师生关系上，如子贡作为孔子的高足，曾代老师解答过子禽的疑问（《论语·学而》），或代冉有问孔子是否赞成卫君（《论语·述而》），这又发展为汉代以高足弟子代授的教学形式。

儒家都讲生兼有问难和讨论章句之学的任务。如《后汉书》记汉儒丁鸿善论辩，为都讲。

> 肃宗诏鸿与广平王羡及诸儒楼望、成封、桓郁、贾逵等，论定《五经》同异于北宫白虎观，使五官中郎将魏应主承制问难，侍中淳于恭奏上，帝亲称制临决。鸿以才高，论难最明，诸儒称之，帝数嗟美焉。时人叹曰："殿中无双丁孝公。"（《后汉书·丁鸿传》）

《汉书》记有这么一件事：

> 和帝因朝会，召见诸儒，丕与侍中贾逵、尚书令黄香等相难数事，帝善丕说，罢朝，特赐冠帻履袜衣一袭。丕因上疏曰："……臣

闻说经者，传先师之言，非从己出，不得相让；……故精思不劳而道术愈章。法异者，各令自说师法，博观其义。”（《汉书·鲁丕传》）

胡三省在《资治通鉴》卷四十八和帝元十一年其事下注：

汉儒专门名家，各守师说。故发难者，必明其师之说，以为据；答难者，亦必务立大义，以申师说。

辩难重章句诂训之辩及师法之争，这是体现于汉代儒家教学中的整个汉代儒家学风的一个缩影。

书院讲学的一个显著特点是，会讲允许不同学派自由讲学讨论，由此来推动书院的学术交流，研究与教学互相结合、互相促进。讲堂除了供教学之外，还可以举行会讲、讲会等学术聚会活动，并容院外学者参加。如会讲最早始于宋乾道三年（1167 年）朱熹、张栻的岳麓会讲。朱、张的学说都源于二程之学，但师承有所不同。南宋理学家真德秀以为：“二程之学，龟山（杨时）得之而南，传之豫章罗氏（罗从彦），罗氏传之延平李氏（李桐），李氏传之考亭朱氏（朱熹），此一派也。上蔡（谢良佐）传之武夷胡氏（胡安国），武夷胡氏传其子五峰（胡宏），五峰传之南轩张氏（张栻），此又一派也。”（《宋元学案·补遗·武夷学案补遗》）师承不同，故朱、张在“心性”“未发已发”“进德之序”等问题上的见解有所差异，两派可按各自传学区域分别称为闽学、湖湘学。乾道三年，朱熹闻张栻得胡宏之学，特于八月专程千里，赴岳麓访问当时主讲于此的张栻，二人讨论讲学，切磋学术于讲堂，自此开创了书院自由讲学之风。在朱张会讲之后十四年，淳熙八年（1181 年），陆九渊至南康，请朱熹为陆九龄写墓志铭。朱便邀陆到白鹿洞书院讲学。当时陆九渊以“君子喻于义，小人喻于利”为讲题，演讲极为敷畅恳切，有的学生感动得流下了眼泪。朱熹本人也很满意，特将陆氏讲义刻石为记，教戒后学。朱陆理学观点大相径庭，但朱熹却主动邀请不同学派的学者来他主持的书院讲学，并不囿己见，这种精神甚是可贵，同时也推动了书院会讲。

明代中叶后，在王守仁、湛若水及其弟子门徒的讲学活动的推动下，尽管王、湛观点不同，但往返讲学辩难之事互不相拒，而是互相通气，“联讲会，立书院”，这不仅活跃了学术，且成为重要的教学手段之一。书院讲会延续到清代，在东林、紫阳、还古、姚江等书院还很盛行，并形成了一套严密的制度、仪式。

书院的讲会、自由讲学打破了关门教学的旧习。当年朱熹访张栻讲学岳麓，来听讲者很多，“一时舆马之众，饮池水立涸”，这种风气在书院发展史上得到了延续、发扬。

二、讲堂的空间组构

从以上讲学方式的演变中，我们可以大致窥见不同时期教学空间格局的类型，以及教育场景中人的空间位置关系。同时，通过对文献记载的对比，也可以印证历史上讲学方式的基本形态。在此基础上，我们可以进一步考虑教学空间分区、功能和格局背后的文化底蕴与教育价值。

东汉光武帝时在洛阳城东南建有当时国家最高学府太学。《后汉书·光武帝纪》载，建武五年（29 年）冬十月，“初起太学”，注引陆机

《洛阳记》说：

> 太学在洛阳故城开阳门外，去宫八里。讲堂长十丈，广三丈，堂前石经四部。

所谓“长十丈，广三丈”，指的是一个进深大于面阔的长方形空间。太学的教学空间组构，从形式上压制了孔子以来相对自由的讲学方式。在太学中，教授经典的博士与博士弟子构成师生关系。汉代的经学教育非常讲究守师法与家法，抑制了自由论学的可能。

到了宋明时期，书院建制则是另一种基本样式。图 3–12、图 3–13 呈现的分别为宋时所建的濂溪书院和白鹭洲书院，前者在宋嘉定年间建于湖南桂阳，后者在南宋时期建于江西吉安，仿白鹿洞书院，由朱门弟子江万里建立，他也教学于此。

又如江西联元书院（见图 3–14）。

书院在建制上虽然仿照了宫殿的形式，但书院的兴起缘于不满科举对于学问探究的压制，因而倡导教学与学术研究相结合，重视师生切磋、对话交流，鼓励质疑问难，于是，书院的内部结构则呈现出书院讲堂处于中心位置，大多是面阔大于进深或与进深相同的形式。

如王阳明在稽山书院讲学时，“先生每临席，诸生前后左右环坐而听，常不下数百人”（《王文成公全书》之钱德洪《刻文录叙说》）。《东林会约》则记，“入讲堂，东西分坐”。《虞山书院志》记“会约”，亦谓听者“东西相向坐于地”。此外，由于书院教育面向社会，凡有志于学者，均可前往听讲，讲堂再大，也难以容纳，因此书院讲堂前大都有一个宽

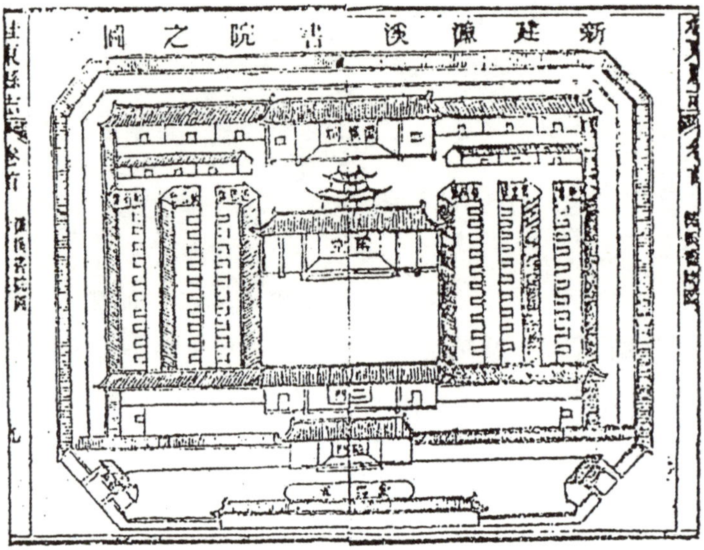

图 3-12　濂溪书院图（清同治《桂东县志》）

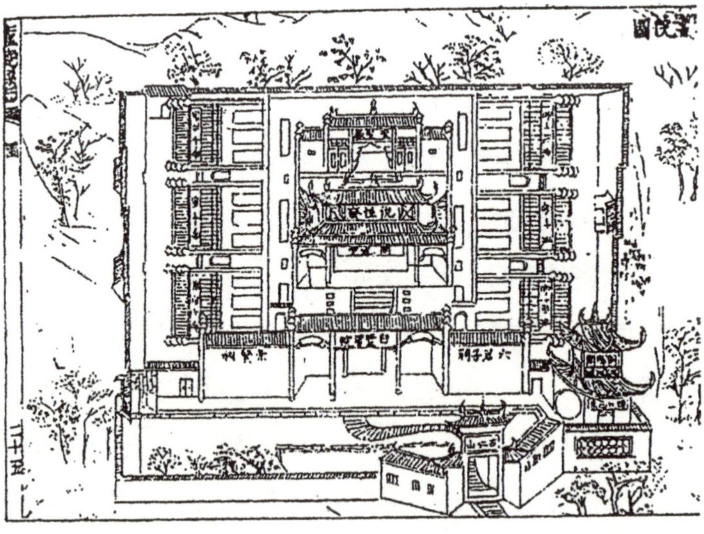

图 3-13　白鹭洲书院图（清道光《庐陵县志》）

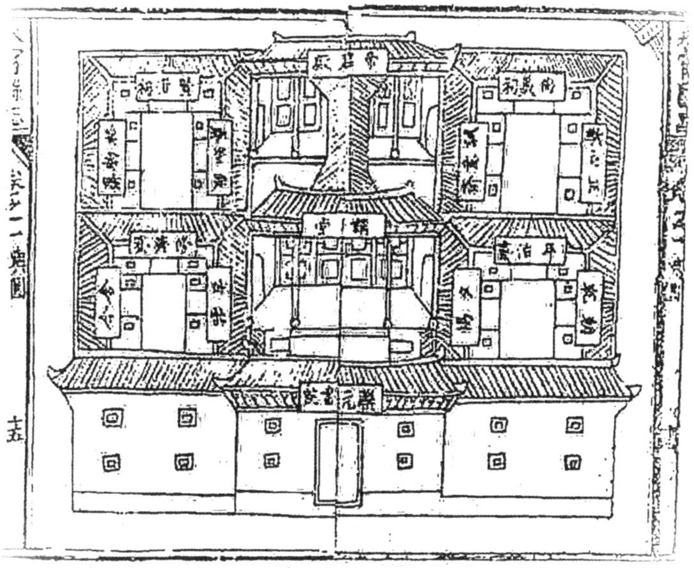

图 3-14　联元书院图（清同治《永宁县志》）

敞开阔之地，使讲堂的空间得以延伸扩大，容纳更多人前来参与。

现存的书院建筑，虽然多为清代遗构，但大多还是继承旧有的规制，具有传统特色。其中，讲堂显然是书院进行教学与学术活动的主要场所，所以在整体布局上一般都位于中轴线的中心。但由于书院教学一般不分科目，虽则有些讲堂分为多间，但都集中于一处，构成一个整体。这同现代分科教学楼的形式是不同的。

书院讲堂前大都有一个较大的庭院，常是书院中最为宽敞开阔之地。而且多数书院讲堂的前部对前庭完全敞开，必要时还可以临时扩大，并灵活地利用室外空间，以扩大讲堂的容量。无论取庭院式、廓院式，还是天井式，都是为了使讲堂的空间延伸扩大。

岳麓书院（见图 3-15）建立初期，形成其讲学、藏书、供祀的基本规制，采取中开礼殿、讲堂、书楼，左右序列斋舍及专祠、山长居处等布置格局（杨慎初，2002）[114]。

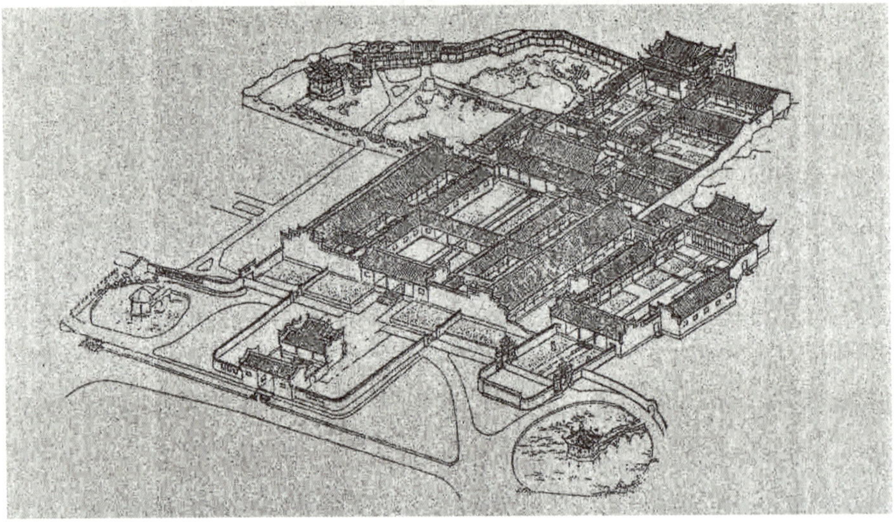

图 3-15　岳麓书院鸟瞰图（杨慎初，2002）[107]

可以说，书院建筑在整体上依然遵循了宫殿式的建筑规制，但讲堂的空间布局采用了完全不同于汉代太学的组构方式。

三、教学与空间关系的解读

在这里，我们也许可以借助空间生产理论，来揭示在中国古代历史上作为讲学方式与空间格局中教学关系的一种反映的讲学空间，所具有的一种由时代、社会以及教学模式和关系所定的特殊性。

列斐伏尔（H. Lefebvre）的社会空间理论，构建了空间 – 社会 – 历史三元辩证法，他称之为一个概念性的“三位一体”。其核心范畴包括：

> 1. 空间实践（La pratique spatiale）。它包括生产与再生产，以及每一种社会形态的特殊位置与空间特征集合。空间实践确保连续性和某种程度上的内聚性。就社会空间以及每一位既定社会成员与空间的关系来说，这种内聚性意味着有保证层次上的能力 / 资质（compètence）与特殊层次上的述行（performance）。
>
> 2. 空间表象（Les reprèsentations de l’espace）。它们与生产关系以及这些关系所强加的“秩序”捆绑在一起，从而也与知识，与符号、代码，以及种种“台前的”关系捆绑在一起。
>
> 3. 表征性空间（Les espaces de reprèsentation）。它们表现为形形色色的符号体系（symbolismes/symbolisms），有时被编码，有时未被编码，与社会生活的隐藏的方面或秘密的方面相关联，也与艺术相关联（艺术也许最终更多地作为表征性空间的符码而不是空间的符码而被规定）。（列斐伏尔，2021）[52]

其中，“空间实践中体现了一个社会的空间，在这里具体化的、经验的空间是一种‘感知的’空间。……‘空间的表征’界定的是概念化的空间，……是占统治地位的空间，是压制‘表征的空间’的空间。……‘表征的空间’指向被‘空间的表征’统治的空间，一种反抗统治秩序的空间，与社会生活隐秘底层相联系的空间”（张子凯，2007）。

前文所呈现的图像，可谓“空间实践”，这种被我们感知的经验空间，体现了每一种社会实践与物质形态所带来的特定场所和空间特性，比如席居生活方式对于讲学方式的影响等。

如果进而观察其空间的表征，也就是说将它们与一定的生产关系和社会秩序相关联，那么可以发现讲学方式与空间关系具有符号特征。比如书院建制多模仿宫殿式建筑，这种建筑风格的相似性也体现了对占主导地位的空间的模拟。也如列斐伏尔所谓："对一个社会来讲，产生（或生产）一种适宜的社会空间，在其中社会能够通过自我表征和自我再表征从而取得一种形式，可不是一件能够瞬间完成的事情。"（列斐伏尔，2021）[52]

但从历史来看，作为活生生的或亲历的空间，表征性空间则是对历史中日常教育生活实践的反映与体验，并呈现出其两面性。列斐伏尔认为：

> 表征性空间是有生命力的，它会说话。它有一个情感的内核或中心：自我、床、卧室、居所；或者广场、教堂、墓地。它包含了情感的轨迹、活动的场所以及亲历的情境，因此可以直接体现时间。所以，它可以用各种方式定性：可以是方向性的、情境性的或关系性的，因为它从根本上是质的、流动的与充满活力的。（列斐伏尔，2021）[63-64]

事实也是如此，汉代太学的建筑形式事实上体现了一种被空间的表征所统治的空间，这种建筑建制与格局也生产了一种与汉时讲学只重视传授而不重视讨论相呼应的教学关系。而自宋以降书院的新型教学关系呈现了一种不同于统治秩序的内外空间组构，与社会士大夫的精神相联系，讲学方式与空间相结合的讲学空间解构了太学以来的教学空间，并且进行了富有意义的重构。这也印证了列斐伏尔在《空间：社会产物与使用价值》一文中所说的，“如果未曾生产一个合适的空间，那么‘改变生活方式’、‘改变社会’等都是空话”（列斐伏尔，2003）[47]。

索亚（E. W. Soja）在他的《第三空间》中曾指出，列斐伏尔的空间既是客观的又是主观的，既是实在的又是隐喻的（Soja，1996）[46]。这点似乎也契合了本研究的意图。

从教学关系与空间组构的变化来看，因教学关系的改变而改变的物理空间，似乎客观反映了历史的实在，但又隐喻了教学关系的意向及其演变。这是一种社会生产和再生产，而这正是讲学空间的意义所在。

通过对中国古代教育场景中的讲学方式与空间格局关系的梳理，我们可以看到教学空间组构与功能的教育文化特点及其内在意蕴。本章梳理了从孔子到汉代太学以至宋明书院的讲学方式及其演变，然后解析了不同时期教学空间建筑格局的类型，建筑内外部空间分区、功能和环境，以及教育场景中人的空间位置关系，在此基础上，进一步研究空间格局背后的文化底蕴和教育价值。我们结合图像证史和空间生产的理论与方法，揭示了在中国古代历史上讲学空间的结构、解构和重构中，作为讲学方式与空间格局中教学关系的一种反映，具有实在性的讲学空间不仅生产教学关系，同时也被教学关系所生产。因此，讲学方式与空间组构相结合使讲学空间格局具有一种由时代、社会以及教学模式和关系所定的特殊性。

第四章

屏风图像：空间、欲望与叙事转向中的教化

图像的教化功能渗透于社会生活的各个方面，其中也涉及屏风及其图像。屏风及屏风绘画作为一种传统器物文化，从其发生发展来看，其内含的教化功能已经溢出了屏风本身。本章通过对屏风空间与礼仪规制、屏风图像与欲望意图，以及屏风叙事性绘画的转向等方面的考察，揭示中国古代社会生活中屏风及其绘画的教化寓意。

一、屏风及其研究

屏风使用始于西周初期，当时被称为“邸”或“斧扆（依）”。《周礼·天官冢宰·酒正/掌次》中的“设皇邸”之“邸”，即指屏风。汉代郑玄注：“邸，后板也。”《礼记·明堂位》记：“天子负斧扆，南向而立。”郑玄注：“斧扆，画屏风。”《三礼图》记：“扆，纵广八尺，画斧文。今之屏风，则遗象也。”春秋战国时，屏风的使用已经相当广泛。《春秋·后雨》记：“孟尝君屏风后，常有待使记客语。”春秋时期不仅有高大的屏风，也有“床屏”“枕屏”等小巧之物。其中，有具有专门用途的，也有纯装饰性的陈设品，如湖北望山战国墓出土的战国彩漆透雕动物纹

座屏①。

西汉时期，屏风开始流行，《西京杂记》载："文帝为太子立思贤院，以招宾客。苑中有堂隍六所。客馆皆广庑高轩，屏风帏褥甚丽。"（葛洪，2006）[132] 汉淮南王刘安和羊胜均作有《屏风赋》。魏晋南北朝之后，屏风成为文人雅士家中必备的家居陈设，出现独立的"屏风绘画"，具有展示的功能。五代时期，王齐翰所绘《勘书图》中有大型曲屏，分为三曲，屏风上绘有山水画。苏立文（M. Sullivan）认为，"直到宋代，画屏，或者有人会说是裱在屏风上的画，还可以与手卷、壁画一起称做是中国的三种最重要的绘画形式"（巫鸿，2009）[9]。

屏风绘画一直是美术及艺术史研究的对象。学者们除了从器物工艺角度展开研究之外，也关注其中所含的文化意蕴。

比如，有人认为，传统屏风艺术作为一种文化的载体，不仅承载着特定时期的文化与艺术风格，也有文化的内涵。其中，"传统屏风作为文化物化的形式，其起源、发展亦与'礼'有着密切的关系。早期传统屏风艺术……在陈设、色彩以及纹样等方面都有严格的品级规定，成为社会等级的象征……。在屏风的题材上，常常出现宣扬帝王、贤臣、孝子、义士、烈女等题材，从侧面反映了儒家三纲五常、忠孝仁义的伦理道德思想，宣扬封建道德礼仪观念，具有很强的劝诫教化功能"（欧阳丽萍，2015）。有研究指出，"自古以来，屏风一直是古代诗歌的表现对象，屏风的表面也频频被转化为诗意的空间。……尤其宋代以后，这种现象更加普遍。在很多绘画作品中，屏风不仅成为创作主体思想情感的表达，

① 1965 年湖北江陵望山 1 号楚墓出土，现藏于湖北省博物馆。

亦成为画中‘人’内在心境的呈现，成为其思想、情感的传递，在一些表现仕女、美人的作品中尤甚”（虞英，2014）。进而，有人在研究宋代文人的屏风情结时指出，“屏风作为中国传统家居用品，承载着宋代历史、文化的丰富内涵，并将诗词、书法、绘画三种艺术形式巧妙相结合，用诗词来表达绘画的情感，用书法这种形式具有点睛之妙。屏风作为美学艺术的载体，传播着宋代的美学思想和艺术成就，也为我们学习中国传统文化打开了一个丰富多彩的空间”（郝远，2016）。

而在对屏风绘画的深入研究方面，巫鸿在其《重屏：中国绘画中的媒材与再现》一书中另辟蹊径，力图打破图像、实物和原境之间的界限，为研究提供一种新的基础。他在对中国传统的屏风绘画及其题材等的研究中，讨论了其视觉叙事、感知空间和自我本心展现的特征。他认为，屏风是三种意义的综合，“作为三维空间中的物体，屏风可用来区分建筑空间；作为二维平面，屏风可用来绘制图画；作为画中所绘的图像，屏风可用来构造画面空间、提供视觉隐喻”（巫鸿，2009）[23]。他进而指出，“在真实的历史中，屏风的多样形式、多重角色常常是有意混融在一起的，彼此充实、彼此强化、彼此重释、彼此混淆、彼此斗争、彼此消解。换言之，屏风的多样形式和多重角色形成了一个单独的历史传统”（巫鸿，2009）[23]。

由此可见，屏风及其绘画的意义并不仅仅限于器物或作为空间的陪衬，屏风及其绘画作为一种传统器物文化，其内含的教化功能已经溢出了屏风本身。而这正是本章想要进一步探究的主题。

二、空间与礼仪规制

巫鸿指出，“屏风的用途广泛，但作为准建筑形式，它始终有着一个基本功能：在宫殿里它环绕着御座；在房屋里它划出会客区域；在卧室里它保证了私人领域。在这种种情形中，屏风都把抽象的空间转换成了具体的地点。地点因此是可以被界定、掌控和获取的，它是一个政治性的概念”（巫鸿，2009）[2]。如其所举，乾清宫中有皇帝的龙椅与屏风和明穆宗像。

图 4–1 是明穆宗的朝服像。画中人物作为天子的独尊地位并非通过肖像显现，而是通过画中奢华的陈设，尤其是其身后绘有数条龙的巨大屏风来体现的。立于画面中间的这扇屏风框定出一个完全由明穆宗所支配的空间。

在这里，屏风既是一种划分代表天子威仪的仪式空间的器物，同时也暗含了天子与臣民的关系，具有政治意味。这点正如列斐伏尔所指出的，事实上，抽象空间的总体性要求正是通过宣称一种政治的合理性来实施的，后者依赖于技术专家阶层的表象化建构。抽象空间的空间表象建构了一种总体化的意识形态，它试图消除表现的空间所具有的异己力量，并且将空间的实践纳入自身的客观化之中（Lefebvre，1991）[285-287]。

然而，屏风所构建的礼仪空间不仅仅是政治规制的象征，也反映了当时社会中日常生活的伦理规范。

在对周文矩的《重屏会棋图》（见图 4–2）做分析时，巫鸿是从观者的视角切入的。此画前景是四位男子围成一圈在下棋或观弈，其中突出了一位戴着黑色高帽的长髯士人，其身后是一扇表现家居生活的单面屏

图 4-1 [明]《明穆宗坐像轴》 绢本设色

205.3cm×154.5cm 台北故宫博物院藏

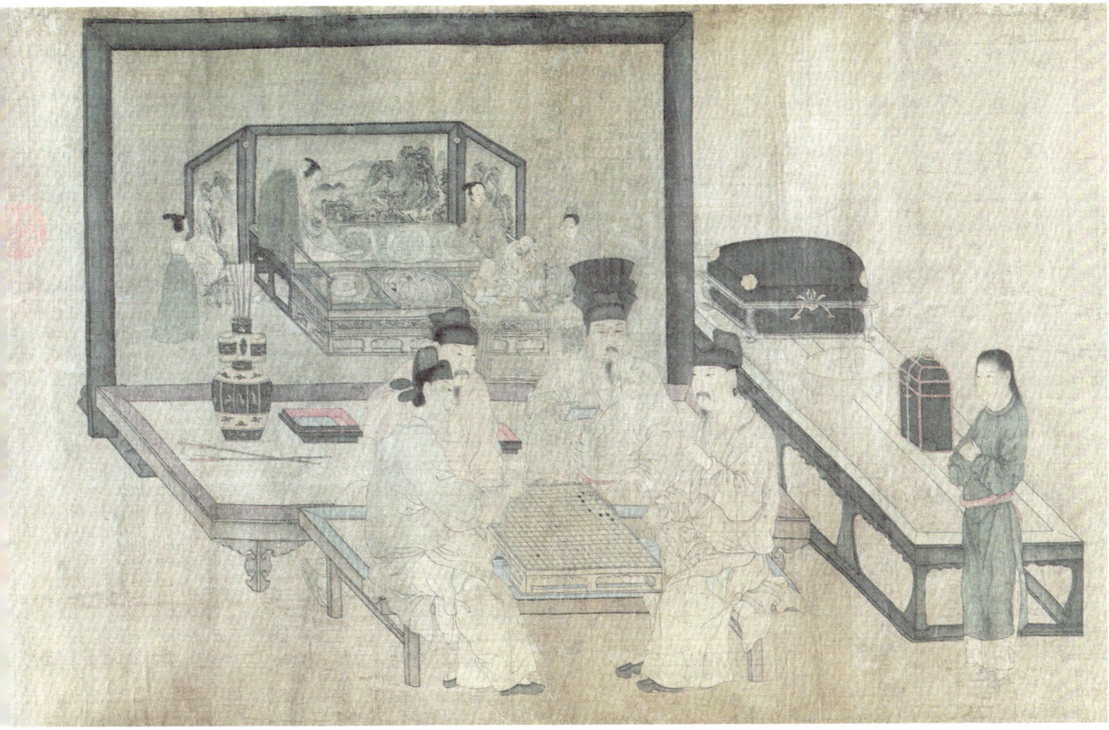

图 4-2　[五代] 周文矩《重屏会棋图》局部　绢本设色
40.3cm×70.5cm　北京故宫博物院藏

风，描绘的是一位长髯主人就寝，四位女子服侍在周围。这组人物背后有另一扇三折的山水屏。由此，观者容易把屏风前的人物和事物看作真实世界的一部分，形成了一种完美的幻觉（巫鸿，2009）[70-75]。这是艺术性方面的评价分析。

但是如果从隐藏于其后的社会秩序来看，如列斐伏尔所说，抽象空间通过对空间的分化和整合所制造的同一性仅仅是一个幻觉（Lefebvre，1991）[308]。因为，在他看来，“社会空间本身同时是作品（work）和产品（product）——一种‘社会存在’的物化”（Lefebvre，1991）[101-102]。《重屏会棋图》勾画了一个男性占主导地位的空间，在重屏所描绘的情境中，男女性别之间的社会等级秩序显而易见。

列斐伏尔进而认为，幻觉依赖于抽象空间以各种意识形态的符号表象来替代真实（用自我的形象来取代自我本身，用女性的形象来取代女性本身，用性的形象来取代性本身，等等，这是一种符号的异化统治），抽象空间总是试图以意识形态的抽象化的精神表象来掩盖或否认空间的实际状况——这也就是为什么它是一个抽象的空间，以至于“在知觉领域中的关系并不反映社会关系本身——相反，它们掩饰后者。严格意义上的社会关系——即生产关系——在感觉的－肉体的（或实践和知觉的）空间中是不可见的”（转引自郑震，2010）。对于屏风所造成的空间幻觉而言，它所反映的不过是画屏中的空间对于社会关系的隐藏。

三、图像与欲望意图

张彦远在《历代名画记》的“叙画之源流”中谓：“故鼎钟刻则识魑魅而知神奸，旂章明则昭轨度而备国制。清庙肃而罇彝陈，广轮度而疆理辨。以忠以孝，尽在于云台；有烈有勋，皆登于麟阁。见善足以戒恶，见恶足以思贤。留乎形容，式昭盛德之事；具其成败，以传既往之踪。”（张彦远，2011）[2-3] 他认为，看见善良或丑恶的人或事可以使人戒除恶习或思念贤明，留存伟人的形象可以彰显其德行，描绘成功或失败也可使人追溯先人走过的道路。

汉代宫廷学者刘向最早意识到图像的教化功能，他曾著《列女传》，它分有“母仪”“贤明”“仁智”“贞顺”“节义”“辩通”“孽嬖”等卷，载有 105 位古代妇女的传记，并辅以图解，如“孟母三迁”的故事即出自该书。汉代以后，不仅注解《列女传》的著作繁多，而且相关图像也很多。《列女传》主要在于表彰妇女的嘉言懿行，歌颂古代妇女的高尚品德、通才卓识等，具有明确的道德言行的教化用意。刘向还创制了仕女画屏，如《七略别录》[①] 中记载：

> 臣向与黄门侍郎歆所校《列女传》，种类相从为七篇，以著祸福荣辱之效，是非得失之分，画之于屏风四堵。

虽然刘向创制的画屏未能被发现，但山西大同司马金龙墓出土的北魏木漆屏风（见图 4–3）所画的主题符合汉代刘向仕女画屏的特征，如有虞二妃、启母涂山、周室三母、鲁之母师、齐田稷母等图像故事，均来自刘向《列女传》。

颇具悖论意味的是，本来关于仕女的图像是用来进行道德教谕的，

---

① 《七略别录》残卷参见李昉．太平御览 [M]. 北京：中华书局，1960：3128.

但经过画家对于女性身体的描绘，女性图像便由道德象征转化为一种视觉和欲望的对象。《后汉书》记载，有一日，大司空宋弘见汉光武帝，他看到“御坐新屏风，图画列女，帝数顾之”，于是他进言道，“未见好德如好色者”。

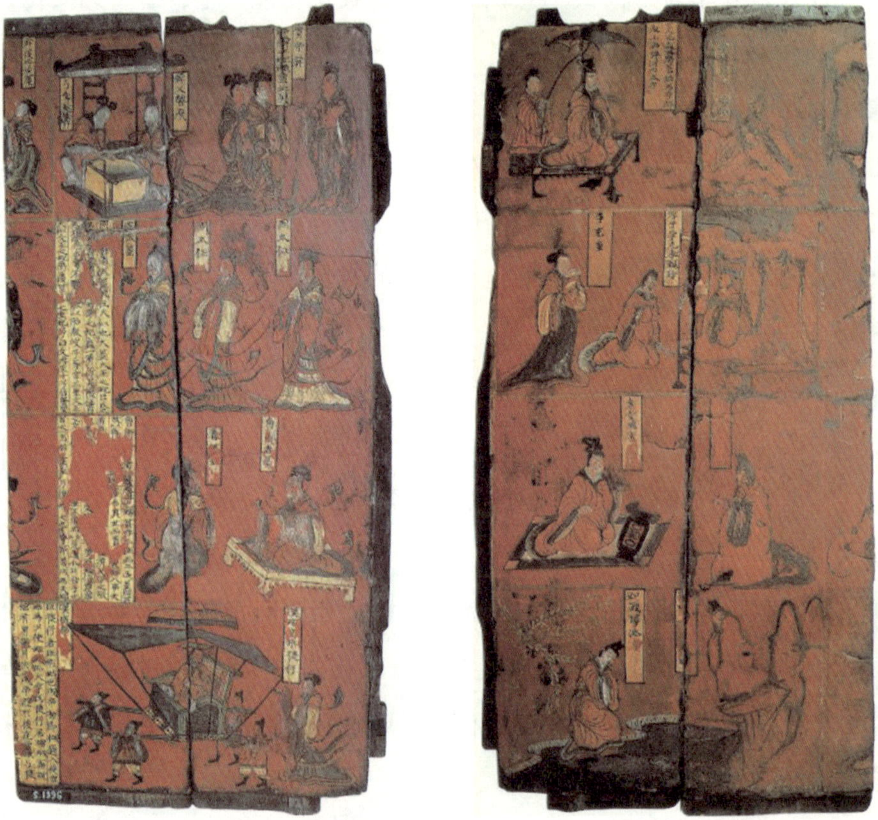

(a) (b)

图 4-3 [北魏]《列女古贤图》 屏风漆绘

每屏 80cm×40cm 山西博物院及大同市博物馆藏

传为唐代周昉所作的《簪花仕女图》（见图 4-4），据考证，是从屏风上拆下来重新装裱为手卷的。图像中的宫廷女性形象婀娜多姿，形态和身躯都含蓄地透露出女性的性感魅力。

图 4-4　[唐]（传）周昉《簪花仕女图》　绢本设色
45.75cm×179.6cm　辽宁省博物馆藏

这种由最初的教谕形象转向视觉欲望对象的现象，正是缘于观看的存在。无论画屏中的图像意味着什么，一旦被观看，尤其是在男性的视野中，由于逐渐地被审美化和受到身体欲望驱使，它便成为情感欲望的对象。尽管教谕与欲望可能会同时存在于观看的过程中，然而受到自身潜意识的驱动，在人观看过程中欲望意图会隐秘显现。

有趣的是，利奥特也认为，形象本身就是丰富多彩的图像，是跳动的欲望的图像，是能够强化生命与欲望流的力量（贝斯特 等，2001）[198]。我们也可以看到，《全唐诗》中有关屏风的诗就有数百首，而在唐宋词中涉及屏风的词更有一千多首，大多涉及由画而触景生情，抒发自我情感，甚至有不少关于男女情爱的题材。

正如霍尔在其《表征的运作》一文中指出的，表征差异在于：

意指实践如何实际地建构我们“观看”的方法——这些表征实践如何在各种“观看”样式中刻下自己的印记；以及暴力、幻想和“欲望”如何也作用于表征实践，使它们更加复杂，其意义更加自相矛盾的。（霍尔，2003）[8]

而他认为：

正是文化的参与者赋予了人、客观物及事件以意义。事物“自身”几乎从不会有一个单一的、固定的、不可改变的意义。……正是通过我们对事物的使用，通过我们就它们所说、所想和所感受的，即通过我们表征它们的方法，我们才给予它们一个意义。在某种程度上，我们凭我们带给它们的解释框架给各种人、物及事以意义。在某种程度上，我们通过使用事物，或把它们整合到我们的日常实践中去的方法给事物以意义。（霍尔，2003）[3]

其实，如果换一个角度来看，画屏作者以其生动绝妙的图绘方式使具有说教性的图像更能让人获得审美愉悦，使教谕性的内容成为审美背后的伦理寓意，在看似冲突的图像呈现中似乎也隐藏着图绘作者的双重意图。

四、叙事性绘画的转向

美国学者孟久丽在其所著的《道德镜鉴：中国叙述性图画与儒家意

识形态》一书中认为：

> 从视觉艺术的角度说，叙事画的定义可以是与故事相关的绘画。……叙事画的另一个重要特征是它的社会功能，即它如何影响或者试图影响观者。正如语言讲故事可以实现不同的目的，叙事绘画也同样有证明、表示、告知、教导、灌输、劝诱改变宗教信仰、宣传或者消遣等各种意图。这些功能并不相斥而可以是相互配合的，比如在绘画中同时教导和娱乐观众。（孟久丽，2014）[19-20]

一如前面所举有关《列女传》的屏风画等。

然而，到了宋代，屏风的画风有了变化。如郭若虚曾经感慨以往画家以人物画为主的绘画旨在达到劝导和教化之目的：

> 盖古人必以圣贤形象，往昔事实，含毫命素。制为图画者，要在指鉴贤愚，发明治乱。故鲁殿纪兴废之事，麟阁会勋业之臣。迹旷代之幽潜，托无穷之炳焕。（《图画见闻志》卷一）

宋代以山水、花鸟等为主题的文人画的兴起，使带有叙事性并具教谕功能的绘画方式不复主流地位。而李公麟是个例外，他所绘的《孝经图》手卷[①]（见图 4-5），既对传统孝行及人情世态有精湛的描绘，又采用

① 手卷始于南北朝末期。与壁画、屏风（须有相对固定的场所）相比，手卷具有无限延展的连续性，既可以使观看变被动为主动，也为叙事性的绘画提供了具有扩张弹性的媒材，因而成为后世叙事性绘画的主要载体。

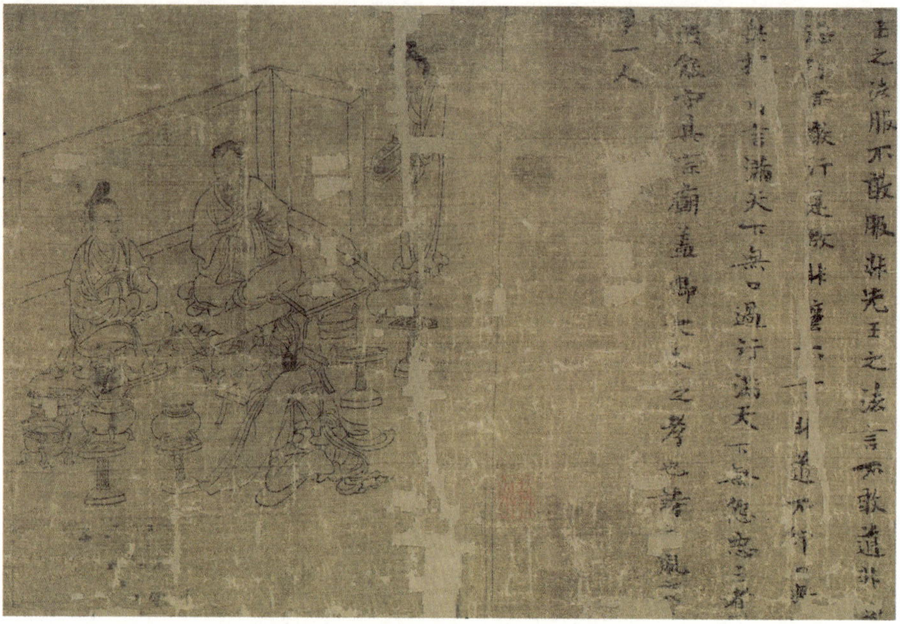

图 4-5 ［北宋］李公麟《孝经图》局部 绢本 长卷 水墨
21.9cm×475.6cm 美国大都会艺术博物馆藏

复古的文风，将《孝经》十八章的文字与图画相结合，使二者相得益彰，使语图互文合体的古风得以延续。

但孟久丽也指出：

> 李公麟的作品一直为文人批评家所仰慕，尽管他有时会绘制故事及古典文献的图画，然而他个人独有的风格和技法给这些图画注入了普通叙事绘画中前所未有的主观性。虽然李公麟引人深思的绘画方法证明了绘画可以用于表现自我，然而文人的理想最初并未替代或显著影响到原来的客观风格。尽管如此，文人画的出现确实将

叙述性绘画置于一个更清晰的意义范畴，即后者作为功能性艺术，是用于实现记录、呈现、说明、教育、证实或者声明主张等需求的。（孟久丽，2014）[14-15]

如郭若虚所说，宋代已经不再以人物故事为绘画的主要对象，其时及其后的屏风也多为山水屏风。山水屏风出现于汉代，普及于唐代，著名的绘画作品有王齐翰的《勘书图》（见图 4–6）。宋代有佚名画作（见图 4–7）、（传）刘松年的《十八学士图卷》（见图 4–8），明代有仇英的《竹院品古图》（见图 4–9）等。

更负声名的是元代画家倪瓒的山水画，如《秋林野兴图》（见图 4–10）。“仆之所谓画者，不过逸笔草草，不求形似，聊以自娱耳。”（《答张藻仲书》）“以中每爱余画竹。余之竹聊以写胸中逸气耳，岂复较其似与非，叶之繁与疏，枝之斜与直哉！或涂抹久之，他人视以为麻为芦，仆亦不能强辩为竹，真没奈览者何！但不知以中视为何物耳。”（《清閟阁集》）可见，倪瓒注重的不是描绘客观事物，而是主观情感表达和自乐其中。

在他的挚友为他所作的画像（见图 4–11）中，背后的屏风体现了倪瓒山水画的典型气质——平静而孤寂。后来明清时期的画家都愿意在自己的书斋中挂倪瓒的画作，以求精神的契合。

相比倪瓒山水画的平静而孤寂的气质，更有素屏的流行。素白屏风出现较早（白居易就撰有《三屏·素屏谣》：“素屏素屏，胡为乎不文不饰，不丹不青？……吾不令加一点一画于其上，欲尔保真而全白。”），以示文人高洁独立而不随世俗的高逸之风。到了明代中期，素屏在文徵明

图 4-6 ［五代］王齐翰《勘书图》局部　绢本设色

28.4cm×65.7cm　南京大学藏

图 4-7 ［宋］佚名《十八学士图》局部　绢本设色

44.5cm×182.3cm　台北故宫博物院藏

手里成为一种屏风的绘画传统，如其所绘《真赏斋图卷》(见图 4-12)。

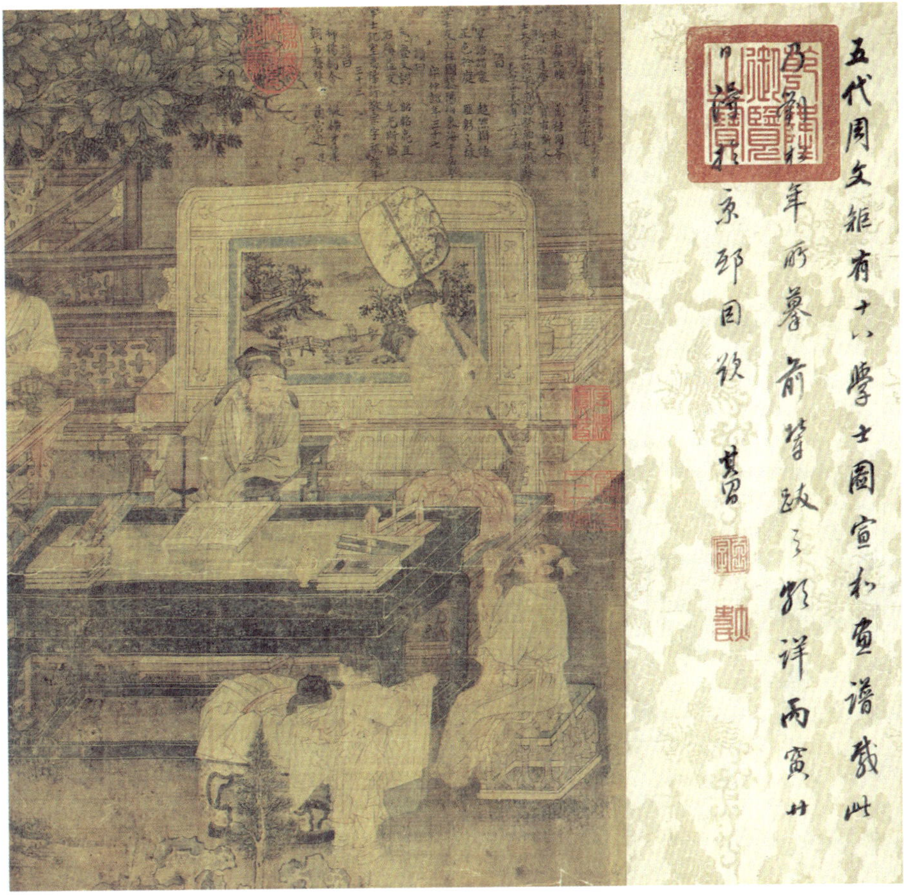

图 4-8　[南宋]（传）刘松年《十八学士图卷》局部　绢本设色　描金　44.5cm × 182.3cm　台北故宫博物院藏

有意思的是，文徵明在《跋南宋马和之豳风七月图》中题有“古人图画必有所劝戒而作”，明确提出了画为劝诫而作，具教化之意。他说：

图 4-9 [明] 仇英《人物故事图册》之《竹院品古图》 绢本设色 敷金
41.1cm×33.8cm 北京故宫博物院藏

图 4-10　[元] 倪瓒《秋林野兴图》　绢本墨笔
97cm×68.5cm　美国大都会艺术博物馆藏

图 4-11 ［元］张雨《题倪瓒像卷》 纸本设色
28.2cm×60.9cm 台北故宫博物院藏

> 昔之序诗者云：周公陈王业，以告成王，谓“民之至苦者，莫甚于农，有国有家者，宜思悯之、安之”，故作是诗，备述其艰难。今观和之此图，若生于周而处于豳，古风宛然也。校诸假丹青以为耳目玩者，岂可同日语哉。

但是，“明清的《豳风图》更倾向于在山水农家间随意发挥，像文徵明的《豳风图》将故宫本《豳风图》卷的《七月》一段纵向压缩，使左右的宴乐、农耕布局成为纵深感极强的前后布局，山水田园占据了更大的篇幅；……大量《豳风》原文、乃至《诗经》原文中都未曾涉及的关乎自然山水与乡村田园的意象加入画面。虽然题画文字上还牵扯着经义，但画作已然逸出诗篇，与原文的联系若即若离”（薛宇，2021）。

明清的这些变化，实际上也与宋元绘画主旨相关。宗白华先生以为，

图 4-12　[明] 文徵明《真赏斋图卷》 纸本设色
28.6cm×79cm　中国国家博物馆藏

中国宋元山水画是最写实的作品，同时也是最空灵的精神表现，心灵与自然完全合一（宗白华，1981）[149]。"'荒寒'、'洒落'是心襟超脱的中国画家所认为最高的境界（元代大画家多为山林隐逸，画境最富于荒寒之趣），其体悟自然生命之深透，可称空前绝后，有如希腊人之启示人体的神境。……中国画的作者因远超画境，俯瞰自然，在画境里不易寻得作家的立场，一片荒凉，似是无人自足的境界。（一幅西洋油画则须寻找得作家自己的立脚观点以鉴赏之）然而中国作家的人格个性反因此完全融化潜隐在全画的意境里，尤表现在笔墨点线的姿态意趣里面。"（宗白华，1981）[133-134] 中国画中作家的"心灵特性是早已全部化在笔墨里面"，有时抑或"寄托于一二人物，浑然坐忘于山水中间，如树如石如水如云，是大自然的一体"。（宗白华，1981）[149]

巫鸿以为，这种种变化是屏风象征性的一个重要发展，"当贤人这一观念逐渐盛行时，屏风的角色就从教导性转变为反射性。换言之，屏风将会反射出一位获得精神觉悟的士人身上所能够发现的东西，并将之记录下来。如果遇见这样一位贤人，屏风将不再通过所画的道德楷模来宣扬世俗的价值观念；它最需要做的是赞美他，把他理想化，表达他不为人所知的高尚心灵”（巫鸿，2009）[109-110]。

宗白华曾谓，中国绘画里所表现的最深心灵究竟是什么？它既不是以世界为有限的圆满的现实而崇拜模仿，也不是向一无尽的世界作无尽的追求，烦闷苦恼，彷徨不安。它所表现的精神是“深沉静默地与这无限的自然，无限的太空浑然融化，体合为一”。它所启示的境界是静的，因为顺着自然法则运行的宇宙是虽动而静的，与自然精神合一的人也是虽动而静的。它所描写的对象，如山川、人物、花鸟、虫鱼，都充满着生命的动——气韵生动。但因为自然是顺法则的（老、庄所谓的道），画家是与自然默契的，所以画幅中潜存着一层深深的静寂。就是尺幅里的花鸟、虫鱼，也都像沉落遗忘于悠渺的太空中，意境旷邈幽深。至于山水画如倪云林的一丘一壑，简之又简，譬如为道，损之又损，所得着的是一片空明中金刚不灭的精粹。“它表现着无限的寂静，也同时表示着是自然最深最后的结构。有如柏拉图的观念，纵然天地毁灭，此山此水的观念是毁灭不动的。”（宗白华，1981）[147-148]

李泽厚在《美的历程》中论及宋元山水画意境时做了深入的阐释。他认为，山水画虽然由来已久，但直至隋唐才有所进展，而山水画真正独立在中唐前后，“对自然景色、山水树石的趣味欣赏和美的观念已在走向画面的独立复制，获有了自己的性格，不再只是作为人事的背景、环境而已了”（李泽厚，2009）[170]。这种审美情趣与中唐到北宋的社会变迁有关。世俗地主士大夫希望既得利益得到满足而长久保安，因而将农村理想化和牧歌化。更因为科举出身的士大夫多由乡野地方而入仕，这种审美兴味则反映了情感和心理上的补充与需求。正如郭熙所谓："直以太平盛日，君亲之心两隆，…… 然则林泉之志，烟霞之侣，梦寐在焉，耳目断绝，今得妙手，郁然出之，不下堂筵，坐穷泉壑，猿声鸟啼，依约在耳，山光水色，滉漾夺目，此岂不快人意，实获我心哉！此世之所以贵夫画山水之本意也。"（《林泉高致》）当然，这也与禅宗的流行相关。

李泽厚认为北宋、南宋和元的山水画呈现出三种不同的面貌和意境。北宋山水画那种异常广阔的整体性的"可游、可居"的生活－人生－自然境界，代表了宋元山水画的第一种艺术意境。这种绘画艺术高度发展了"无我之境"。艺术家的情感不直接外露，主要是纯客观地把握和描写自然，并无确定的观念和情感传达。南宋山水画对细节忠实和诗情入画的诗意追求，把人们审美感受中的想象、情感、理解诸因素引向更为确定的方向，导向更为明确的意念或主题，代表了宋元山水画发展历程中的第二种艺术意境。在元代，大批汉族士人蒙受屈辱和压迫，山水画也成为其时间、精力和情感思想的寄托领域之一。李泽厚指出，在元代这种社会氛围和文人心理的作用下，表达人的主观意兴心绪成为山水画的标准，倪云林之山水画成为宋元山水画的第三种艺术意境——"有我之境"的主要代表。诗文配合画面成为元画的独有现象，而自然景物是否多样或精巧都不重要，能以笔墨趣味传达出艺术家的心境意绪即可。（李泽厚，2009）[176-183]

这不由得让人联想到西方文艺理论家艾布拉姆斯（M. H. Abrams）对于镜与灯的隐喻。他在《镜与灯：浪漫主义文论及批评传统》中指出，

“十八世纪具有代表性的批评家们认为，心灵感知者就是反映外在世界；所谓创造活动，就是将朴素的形象或感觉摹本这些‘观念’加以重新组合；由此产生的艺术作品就像一面镜子，反映了一个经过选择和编排的生活形象。许多浪漫主义批评家都认为，心灵是投射性的、创造性的，他们的艺术理论也属于表现论和创造论。因此，他们把一切审美哲学的基本倾向都扭转了过来”（艾布拉姆斯，1989）[99]。这很像李泽厚对于宋元艺术意境的判断，只是这种转折在中国要来得更早。

但是，中西绘画中表现的空间意识不同。宗白华指出，“西洋画在一个近立方形的框里幻出一个锥形的透视空间，由近至远，层层推出，以至于目极难穷的远天，令人心往不返，驰情入幻，浮士德的追求无尽，何以异此？中国画则喜欢在一竖立方形的直幅里，令人抬头先见远山，然后由远至近，逐渐返于画家或观者所流连盘桓的水边林下”。《易经》上说：“无往不复，天地际也。”中国人看山水不是心往不返、目极无穷，而是“返身而诚”“万物皆备于我”。王安石有两句诗云：“一水护田将绿绕，两山排闼送青来。”前一句写盘桓、流连、绸缪之情，下一句写由远至近、回返自心的空间感觉。（宗白华，1981）[144]

中国传统山水画具有独特的画面空间结构图式。这种图式的文化原点是中国传统文化中“天人合一”的时空认知理念，以“心”“物”交融的视角把宇宙看成一个充满生命力的有机整体。画面上的空间构造是一种创造性的再现，而不是纯真实、纯客观的再现（黄齐贤，2014）。

有学者指出，“天人合一”论是对先秦以来中国哲学“天人之辩”问题的正统解答，它的最直接的含义就是天（自然或自然的神）与人是相通而融合的，而不是对立或分裂的。由此又可以解析为两层意义：第一层是指人类在宇宙中的位置，人与整个宇宙或自然是相通的整体，中间不存在隔离层；第二层是指“天道”，即“人道”，天是人伦道德的本原，人伦道德出于天道，从这一意义上说，自然的本质是服从道德原理的。（高瑞泉，2009）[7] 他还引用了金岳霖先生的观点：“最高、最广意义的‘天人合一’，就是主体融入客体，或者客体融入主体，坚持根本同一，泯除一切显著差别，从而达到个人与宇宙不二的状态。”（金岳霖，1985）

其实，这种讲究心境意绪和心灵默契的山水图式与中国传统人格理想的文化图式也不无关联。南朝宗炳提出“圣人含道映物”“山水以形媚道”（《画山水序》）的观点，点明了山水画背后的文化语境。自先秦开始，儒、道两家教育思想的对立与互补（如在道德方面的功利与非功利、社会与个人的双重需求），构成了先秦教育思想体系与结构的基本线索。此外，道家的人格理想尽管是非现实的，但它在精神上的超越满足了被现实功利之争所困扰的人们（士人）的内在心理欲求。尤其经过宋明理学融合儒、道、佛的发展，中国传统人格理想的文化图式基本形成。

由此看来，孟子所说的“穷则独善其身，达则兼济天下”并非古代中国人双重人格的体现。孔子说过，君子“用之则行，舍之则藏”，“天下有道则见，无道则隐”。乍看起来，这种“藏”“隐”与“独善”似乎都有退避俗世之义，其实不然。联系儒家的思想整体，这些东西只是在表达一种不得已的社会隐逸心态。孟子说过，“得志，与民由之；不得志，独行其道”。这个“道”仍然是包含仁义道德在内的，它与道家的“道”是有根本区别的。“故士穷不失义，达不离道。”所以说，以“独善其身，兼济天下”来概括双重人格是不够确切的。实际上，“无为之道”与“有为之道”的结合，才是双重人格的真实含义。

因而在中国历史上，我们常常可以看到诸如此类的现象：一方面竭力歌颂那些尽忠尽孝的仁人志士，另一方面又极为推崇那些淡泊名利、避世遁俗的高士隐者。这两种人格似乎是对立的，却受到同样的尊重；看起来是互相排斥的，却又奇妙地并存而立，事实上古代士人都趋之若鹜。倘若有人能将这两种人格集于一身——具有双重人格，那就更受人倾慕了。古代士人都愿意把这种双重人格看作最高的人格理想，如《世说新语》作为记载魏晋士大夫生活方式的专书，表面上呈现了魏晋风流，实则体现了当时士人面临的名教与自然的冲突，此后成了士大夫与文人的枕边书。其实，正是天人合一思想使自然与人相通而融合，构成了人格精神上的和解而非对立，也证明了先秦儒道关于理想人格的塑造对中国后世社会士人精神的深远影响。所谓理想人格，就是外儒内道的士人精神体现。从这个意义上说，宋元山水画所体现的士人精神正是对先秦理想人格的升华。如此，我们便不难理解宋元山水画及屏风图像视觉隐喻变化的内在缘由。

当然，在此还是要说明，即使叙事性绘画从屏风上退下，也并不意味着其退出历史舞台，也不等于中国绘画的叙述功能的弱化，因为民间绘画担当起了图像叙事的主要功能。其在画纸、木板、瓷器、漆器等上面得以延续。

综上所述，关于屏风图像的讨论，所涉及的并不是建筑或器物、媒介，也不是艺术史意义，而是着眼于存在于帝王和士人社会生活中的教化内涵。当教化并不刻意而是自然流露的时候，其作用便会潜移默化地呈现。在中国古代社会中，屏风从来就不仅仅是作为一种器物而存在。无论在政治场合还是在文人的生活居所，屏风的空间布局或屏风图像的呈现方式等都带有很强的教化意味，并且它们赋予了屏风及其图像以社会功能，这是绘者与观者的双向作用促成的，而这种双向作用根植于图像教化传统之中。正如卡斯卡蒂（A. J. Cascardi）所说，图像的发送、传播、散布都是生产范式的一部分，而非仅仅是其附属品，图像“消费者”在生产过程中起着和图像“生产者”一样重要的作用（卡斯卡蒂，2007）。

屏风不会仅仅被当作实物、分割空间的工具或描绘画中人心中之境的媒材，也并非总是处于陪衬的地位。屏风可以用来构造人们的心境意象，而画面空间的视觉明喻与隐喻都成为其教化意蕴的重要组成部分。

第五章
男耕女织：传统社会生活的图像隐喻

在中国传统社会中，“男耕女织”意味着以农耕与蚕桑为根本的社会生活。农桑的生产过程与技能所体现出的德行，通过根植于生产劳动的耕织图、蚕织图和棉花图等受到特别关注。

这里主要通过对《诗经·豳风·七月》图和宋及后世的耕织图、蚕织图、棉花图等传世农事图像的“观看”和“阅读”，对“男耕女织”的传统农耕与蚕桑生活和风俗图景鲜活形象的呈现，探寻“耕织图诗”背后的厚生主旨、社会生活的教化意向、“兴观群怨”的教化方式与诗图互释的教育话语，诠释传统农事图像中丰富的教育与生活世界，揭示农事图像如何再现和形塑民众的社会生活、身份意识、道德与情感认同，以及在耕织图的艺术图式背后，“男耕女织”所构成的中国传统社会生活的文化母题。

一、农事图像起源与风俗画

在传统中国，有关农事活动和工具的图像起源较早。王潮生在《中国古代耕织图》一书中指出，“早在4000年前的新石器时代我国即有反映原始农业的岩画出现，其后在先秦器物、两汉画像砖石、魏晋墓室壁画、唐宋石窟壁画和明清及其以前的典籍中，均绘、刻、印有大量的展示农耕、蚕织和畜牧等多种内容的图像。随着生产的发展，这些图像不仅在内容上不断创新，而且在形式上逐步由单一化走向系统化”（王潮生，1995）[前言1]。图 5-1 至图 5-3 呈现的是汉代的相关耕织画像。

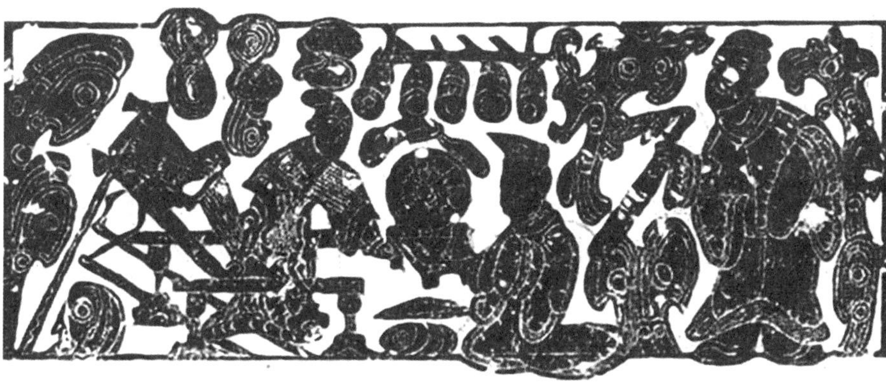

图 5-1　[汉] 纺织图画像石
南京博物院藏

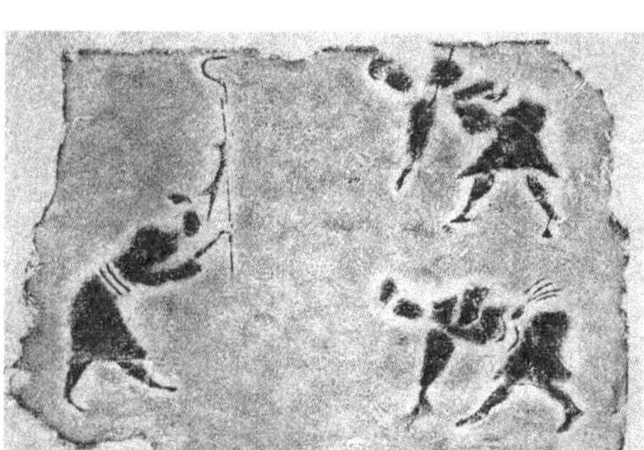

图 5-2　[汉] 播种图画像砖
（王红谊，2009）[276]

图 5-3　[汉] 牛耕图画像石局部
（王红谊，2009）[281]

嘉峪关魏晋墓室中的壁画上就有很多有关耕地、耱地、播种、脱粒、扬场等农事活动的生动画面（见图 5-4、图 5-5）。

图 5-4 ［魏晋］《采桑》

嘉峪关新城魏晋墓群六号墓

图 5-5 ［魏晋］《二牛犁地》

嘉峪关新城魏晋墓群五号墓

不少敦煌壁画也反映了农桑劳作的景象（见图 5-6）。

图 5-6　[唐]《雨中耕作图》
莫高窟第 61 窟

《诗经·豳风·七月》（以下简称《七月》）是《诗经·国风》中最长的一首诗，被认为是西周早期社会风俗诗。

> 七月流火，九月授衣。一之日觱发，二之日栗烈。无衣无褐，何以卒岁。三之日于耜，四之日举趾。同我妇子，馌彼南亩，田畯至喜。……

此诗反映了周部落一年四季的劳动生活，以耕织为主线，从种田养蚕写到打猎凿冰，涉及衣食住行各个方面。其在叙事中写景抒情，通过诗中人物娓娓动听的叙述，展示了当时的农业生产场面、日常生活图景和各种人物的面貌，构成了西周早期社会一幅男耕女织的风俗画。

《毛诗诂训传》道：

> 《七月》，陈王业也。周公遭变，故陈后稷先公风化之所由，致王业之艰难也。

《七月》具有教化劝诫功能，这是它被后世反复绘制的主要原因。宋人王安石对《七月》诗意曾有这样的解说：

> 仰观星日霜露之变，俯察昆虫草木之化，以知天时，以授民事。女服事乎内，男服事乎外。上以诚爱下，下以忠利上。父父子子，夫夫妇妇。养老而慈幼。食力而助弱。其祭祀也时，其燕飨也节。此《七月》之义也。（王安石，1982）[111]

天地人伦涉及了普遍的社会教化意义。

唐代画家张彦远《历代名画记》中载有晋明帝司马绍画的《豳风七月图》，王应麟的《困学纪闻》称："仁宗宝元初，图农家耕织于延春阁。"明代谢肇淛的《五杂俎》也记载唐代画家阎立本作《豳风图》。可惜都只见文字表述，图像早已散佚。

在宋代，随着印刷文化兴起，在传播技术知识方面，农事图像成为重要的方式。南宋郑樵谓："图谱之学，学术之大者"；"天下之事，不务行而务说，不用图谱可也。若欲成天下之事业，未有无图谱而可行于世者”。(《通志·图谱略》) 明初诗文三大家之一的宋濂在《画原》中叙绘画史谓：

> 古之善绘者，或画《诗》，或图《孝经》，或貌《尔雅》，或像《论语》暨《春秋》，或著《易》象，皆附经而行，犹未失其初也。下逮汉魏晋梁之间，《讲学》之有图，《问礼》之有图，《烈女仁智》之有图，致使图史并传，助名教而翼群伦，亦有可观者焉。(俞剑华，2017) [1]

有研究指出，《豳风图》与《耕织图》图像具有互通性。

> 《豳风图》的教化意义还体现在其与《耕织图》形制和图像的相似性上，而这点鲜有学者讨论。台北故宫博物院藏有张师诚跋《豳风图十二月图说》，此册共计36开，若此刻同时展开焦秉贞、冷玫或陈玫的《耕织图》进行对照，便可轻易发掘这种图像的互通性。当然，《豳风图》与《耕织图》皆以农民劳作图像来传达重农、劝农、恤农思想，故二题材在图像上互相借鉴也无可厚非，但是这些借鉴却有待落实到更具体的细节，比如《耕织图》中《收割图》里的撑伞老者或许最开始就借鉴了《豳风·七月图》指点农桑的“田畯”。又黄甲云所画《豳风盛衰循环图》比起还原到周代豳地民生，更注重体现亲眼所见之当朝农村生活，这点也与《耕织图》的绘制对象更为贴合。(高泽，2021)

宋代经书刊刻出现“纂图互注”样式，所谓“纂图”即在正文前配刻插图或图表，“互注”即引其他经文句互为注释（张丽娟，2013）[220-222]。其中纂图图解《七月》有农蚕祭典仪式，包括衣蚕祭祀、劝农与教化、耕隐、田园记游等多元主题。

南宋马和之创作有传世的《豳风图》（见图5-7）。有研究指出，马和之的《豳风图》，“从右至左分为四个部分，起始部分描绘二人仰观七月流火星象，第二、三部分主要表现女子蚕桑和男子农耕的情境，第四部分则描绘公堂饮酒庆贺场景。马和之所作图绘的首尾两处，凸显了经旨中的政教意味——随着画卷的徐徐展开，视觉中心从天象过渡到人事，从劳作转移到庆贺”（吴寒，2022）。《豳风图》描绘了豳地百姓的农桑劳作、进献宴饮等场景，表现出知稼穑艰难、体恤民生的意味。

图5-7 ［南宋］马和之《豳风图》局部 绢本设色
25.7cm×55.7cm 北京故宫博物院藏

《诗经·豳风·七月》图及“耕织图诗”等，体现了厚生主旨，出现了影响后世的“兴观群怨”的教化方式、诗图互释的教育话语的端倪。

农事图像相继出现在南宋初楼璹的《耕织图》、南宋高宗时期翰林图画院依据《耕织图》摹画的《蚕织图》、元代《王祯农书》中的《农器图谱》、明代宋应星的《天工开物》、明万历年间徐光启的《农政全书》，以及清乾隆年间方观承所绘《御题棉花图》等之中。其中，《天工开物》与《王祯农书》和《农政全书》一样，内容虽以农本观念为主，但重点在生产技术知识及其技术图像，可以说是纯技术性的农书。当然，从广泛传播农业和手工业技术的角度来说，这些都是绝佳的教材，在农业和手工业技术教育方面有着重要的地位与作用。

但是，耕织图、蚕织图、棉花图更像风俗画，不仅仅呈现为一种技术图说，而且呈现了“男耕女织”社会图景最为鲜活的形象，也更符合对古代中国社会生活准则的教化意向。于是，耕织图成为演绎《七月》的经典范式，也使得后世对此类农事图像予以了特别关注。

二、传统技能与性别角色

反映“男耕女织”的农事图像，通过传统社会基本的生产技术呈现了日常工作和社会生活之间的关系，也规定了技术知识和技能所涉性别角色与生产关系。

南宋时期於潜（今浙江临安）有位县令叫楼璹，跑遍了所属十二乡的田头地角，与当地农夫蚕妇讨论种田、植桑、织帛等经验技术，并创作描绘江南农桑生产各个环节的《耕织图》进献给宋高宗，由于与宋高宗重视农桑的政策不谋而合，受到宋高宗的赏识，宋高宗随即又命翰林图画院摹绘此图。《耕织图》[①] 生动地再现了中国古代社会男耕女织的生活场景，也为了解古代农桑教育提供了珍贵的图像史料（见图 5-8 至图 5-10）。

《耕织图》以一幅幅画面生动地描绘了从浸种到入仓的水稻生产过程：初春时节将装有稻种的筠筐放入溪水之中，让种子渐渐萌芽（浸种）；用犁翻地松土（耕）；将土地中的大土块弄碎（耙）；用农具平整水田（碌碡）；抓住时节播种，培育秧苗（布秧）；为秧田散撒草木灰，促苗成长（淤荫）；把秧苗拔出来（拔秧）；插秧、下田除草（一耘）；夏日去除顽固的杂草（二耘）；盛夏再次耕耘除草（三耘）；提水（灌溉）；秋分时节当稻熟穗垂，全家出动（收割），将稻捆堆积到院内晾晒（登场）；霜降时节持农具连枷打稻穗脱粒（持穗）；借助风力将劣质谷物扬除（簸）；以砻去掉稻壳（砻）；用杵臼使稻谷进一步从稻穗中脱离（舂碓）；将稻米进一步过筛 / 簏；岁暮天寒储存，稻米（入仓）。

《蚕织图》[②] 也出现于南宋高宗时期，传为翰林图画院依据楼璹进献的《耕织图》摹画其中蚕织部分而成（见图 5-11 至图 5-13）。

《蚕织图》描绘了江南一带蚕织户自“腊月浴蚕”到“下机入箱”的养蚕、织帛的整个生产过程（被置于一长廊式的连房之中），共有腊月浴蚕，清明日暖种，摘叶、体喂，谷雨前第一眠，第二眠，第三眠，暖蚕，

① 美国弗利尔-赛克勒美术馆藏元代程棨摹、（传）楼璹作《耕织图》，画心横 1049.8 厘米、纵 32.7 厘米。

② 黑龙江省博物馆藏南宋《蚕织图》，卷轴，绢本、线描、淡彩，全长 1100 厘米，画心横 518 厘米、纵 27.5 厘米，跋横 460 厘米、纵 28.7 厘米。

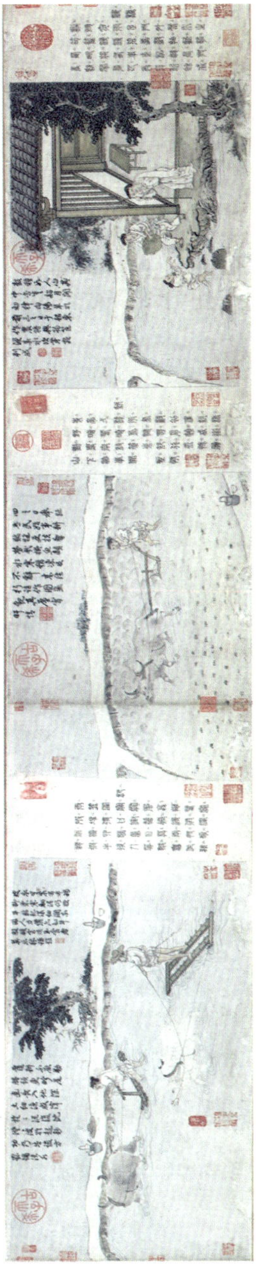

图 5-8 《耕织图》局部（浸种、耕、耙）

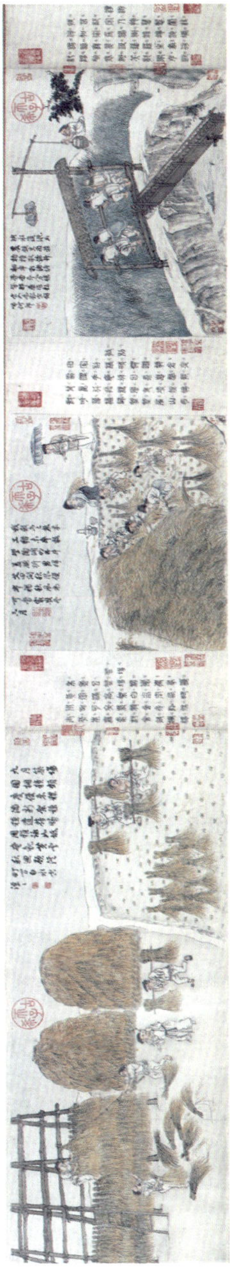

图 5-9 《耕织图》局部（灌溉、收割、登场）

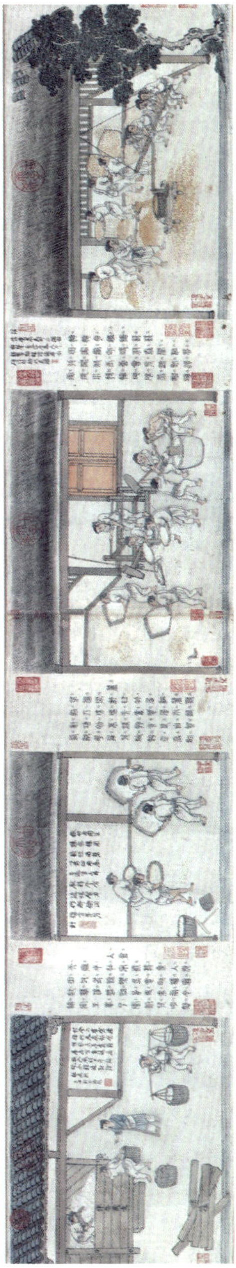

图 5-10 《耕织图》局部（舂碓、簸/簏、入仓）

图 5-11 《蚕织图》局部（浴蚕，暖种，摘叶、体喂，第一眠，第二眠）

图 5-12 《蚕织图》局部（下茧、约茧，剥茧，称茧、盐茧瓮藏，生缫，蚕蛾出种）

图 5-13 《蚕织图》局部（络垛、纺绩，经靷、籰子，挽花，做纬、织作，下机、入箱）

大眠，忙采叶，眠起喂大叶，拾巧上山，箔簇装山，熇茧，下茧、约茧，剥茧，称茧、盐茧瓮藏，生缫，蚕蛾出种，谢神供丝，络垛、纺绩，经靷、纛子，挽花，做纬、织作，下机、入箱等二十四个场面。每个场面下都有宋高宗的吴皇后所题楷书小字。画卷前半部画的是养蚕过程，后半部所画的主要是缫丝织帛的过程。全卷人物形象生动，详细勾画了各种生产用具和生产过程，涉及生缫、络垛、经靷、挽花、做纬等缫丝用具，以及织帛机具和操作技术等。它第一次详细绘出提花机的机体、结构和操作方法，比《天工开物》《农政全书》记载提花机早 400 余年。

自古王室就有养蚕的宫馆，奖励蚕织，以示仪范于天下。《春秋谷梁传》记载："天子亲耕""王后亲蚕"。《礼记·月令》规定："是月也，天子乃以元日祈谷于上帝。乃择元辰，天子亲载耒耜，措之参于保介之御间，率三公、九卿、诸侯、大夫，躬耕帝籍田。天子三推，三公五推，卿、诸侯、大夫九推。""是月也，命野虞无伐桑柘，鸣鸠拂其羽，戴胜降于桑，具栚曲簾筐。后妃斋戒，亲东乡躬桑。禁妇女无观，省妇使，劝蚕事。蚕事既登，分茧称丝效功，以共郊庙之服，无有敢堕。"按《周礼》要求，每年春天，皇帝都要去先农坛拜祭农神，祈求风调雨顺，而皇后则要到先蚕坛举行"亲蚕"大典。《后汉书·荀悦传》记："帝耕籍田，后桑蚕宫，国无游人，野无荒业。"《南史·宋本纪》记：大明三年"冬十一月甲子，立皇后蚕宫于西郊"。这种重视农桑的仪式，在中国延续了千年之久。

清代乾隆年间，郎世宁、金昆等绘有《清院本亲蚕图卷》（见图 5-14、图 5-15），描绘了清乾隆九年孝贤皇后行亲蚕典礼时的宏大场景。三月吉巳日是举行祭礼的日子。这天，皇后在妃嫔等的陪同下，仪

图 5-14 ［清］郎世宁等《清院本亲蚕图卷》第二卷采桑局部 绢本设色 51cm×590.4cm 台北故宫博物院藏

图 5-15 ［清］郎世宁等《清院本亲蚕图卷》第四卷献茧局部 绢本设色 51cm×639.7cm 台北故宫博物院藏

驾诣临先蚕坛，前簇后拥浩浩荡荡前行，蔚为壮观。众人来到先蚕坛致祭，举行程序繁缛的祭礼。第二天，皇后手持金钩与金筐，到先蚕坛内的桑林采桑，后登上观桑台御宝座，观看众妃嫔宫女等采桑。最后，众嫔妃跪进蚕茧，由蚕母将所采桑叶送至蚕室喂蚕。亲蚕典礼包括诣坛（元）、祭坛（亨）、采桑（利）、献茧（贞）四个宏大场景。

清康熙皇帝第二次南巡时（1689 年），得呈南宋楼璹《耕织图》，即命宫廷画师焦秉贞重绘耕图、织图各 23 幅，并亲自题序，为每幅图作诗一章，成内府刊本《御制耕织图》（1696 年）（见图 5-16、图 5-17），以示子孙臣庶。

棉花在公元前 2 世纪或更早时期开始传入中国，而大量传入是在宋末元初时期。棉花有两条传播路线：一条叫“北道”，是由新疆向陕西一带传播，直到黄河南北；另一条称为“南道”，大体是由澜沧江流域、珠江流域向长江流域传开。据明丘濬《大学衍义补》记载：“汉唐之世，远夷虽以木棉入贡，中国未有其种，民未以为服，官未以为调。”元代棉花在南方被广泛种植，并取代蚕丝成为重要的纺织原料。元明之际，棉花开始自南向北扩散，种植日益广泛，逐渐成为赋税收入的重要来源。

到了清代，方观承在乾隆年间任直隶总督 20 余年，为政期间勤于民事，修渠筑坝，发展农田灌溉事业，对棉纺织的发展十分上心。乾隆三十年（1765 年）四月，方观承以乾隆皇帝途经保定观视腰山王氏庄园的棉行作为背景创绘棉花图，将棉花种植、纺织和练染成布的全过程绘制成图（共 16 幅），计有布种、灌溉、耘畦、摘尖、采棉、拣晒、收贩、轧核、弹花、拘节、纺线、挽经、布浆、上机、织布、练染。具体内容

图 5-16 ［清］焦秉贞绘、康熙题诗《御制耕织图》局部（耕） 纸本设色

图框 24.5cm×24.4cm 美国保罗·盖蒂研究所藏

图 5-17　[清] 焦秉贞绘、康熙题诗《御制耕织图》局部（织）　纸本设色

图框 24.5cm×24.4cm　美国保罗·盖蒂研究所藏

分为两个部分：前半部分共 7 幅图，描绘了包括选种在内的从播种、田间管理到棉花收藏的全过程；后半部分共 9 幅图，描绘了从轧核、弹花到纺线织成布的全过程。每图都配有文字说明和七言诗 1 首，被装裱成《棉花图册》，呈送乾隆皇帝御览。同月，乾隆皇帝应方观承的请求，为《棉花图册》的每幅图分别题了七言律诗 1 首，共计 16 首，体现了他的农本思想。他同时准予将方观承所作诗句附在每幅图的末尾。方观承将经过乾隆御题的《棉花图册》正式定名为《御题棉花图》（见图 5–18），并精心临摹副本，在乾隆三十年七月将之镌刻于珍贵的端石①之上。在刻石之时，方观承增添了《方观承恭进棉花图册折》《方观承恭缴御题棉花图册折》《方观承御题棉花图跋》。每幅图后均简明扼要地说明了所涉及的技术要求。

嘉庆皇帝为使农民悉知棉花生产技术，鼓励农民大量植棉，命大学士董诰重刊《御题棉花图》，并将之更名为《钦定授衣广训》②，内府木刻雕版刻于嘉庆十三年（1808 年）（见图 5–19），“加入嘉庆他自己所作的诗十六首。《棉花图》原有石刻（墨拓本流传甚多），此书则是如意馆仿照钩摹上木的，较墨拓尤为明晰可用”（郑振铎，2010）[187]。它图文并茂，通俗易懂，成为后世流传最广的刻本，也是流传至今的倡导与推广植棉和棉纺织技术的珍贵资料。

---

① 《御题棉花图》（包括乾隆的题诗）被刻在 12 块端石上。其中 11 块长 118.5 厘米、宽 37.5 厘米、厚 14.2 厘米，另一块长 98 厘米、宽 41.5 厘米、厚 13.5 厘米。全文为阴文线刻，线条精细。

② 古代以九月为授衣之时。《七月》曰：“七月流火，九月授衣。”《毛诗诂训传》道：“九月霜始降，妇功成，可以授冬衣矣。”马瑞辰《毛诗传笺通释》中说：“凡言授者，皆授使为之也。此诗‘授衣’，亦授冬衣使为之。盖九月妇功成，丝麻之事已毕，始可为衣。非谓九月冬衣已成，遂以授人也。”

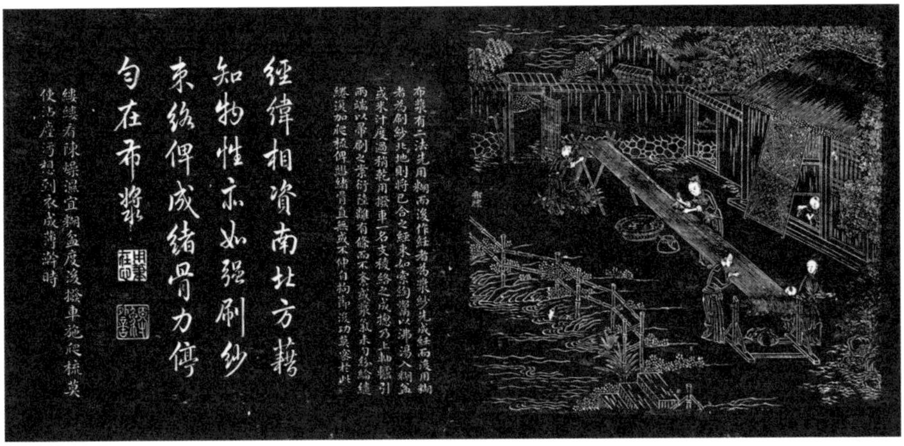

图 5-18　[清] 方观承绘、乾隆题诗《御题棉花图》(布浆)

河北博物院藏

(a)　　(b)

图 5-19　[清] 董诰等编《钦定授衣广训》卷上九和卷下十七

清廷重视耕织图和棉花图的原因，不仅在于强调两性劳动分工在提高农村家庭的生产力和非农业的家庭收入上的重要性，也在于维持“男耕女织”的社会政治理想的生产策略与生产关系，并使农事图像成为大多数社会成员体验与传播主流意识形态和价值的重要途径。

可见，这类农事图像并不局限于再现传统社会的生活与技能，而更重视透过图像隐喻性别角色在技能与德行方面形成的社会秩序的教化意义。在东汉班昭的《女诫》中就有所谓：

> 女有四行：一曰妇德，二曰妇言，三曰妇容，四曰妇功。……妇功，不必工巧过人也。……专心纺绩，不好嬉笑，洁齐酒食，以奉宾客，是谓妇功。此四者，女人之大德，而不可乏之者也。

《礼记》中也有所谓“当于夫，以成丝麻布帛之事”。女子从事缝纫、刺绣等“女红”是建立在养蚕、缫丝、纺纱、织布等工作的基础上的。

从历史上看，中国古代社会对于男女性别角色的区分与男女和体力劳动之间的关系相关。对于男性而言，学而优则仕是其地位上升的标志，但耕田依然被视为一种君子之务。与之相反，对于女性而言，脱离体力劳动的闲暇自由绝非其地位的标志，勤勉地从事纺线和织布等生产性劳动，是各个阶层妇女妇德的体现（曼素恩，2005）[15]。

纺织品生产的商业化和专业化初现于宋代，女性的劳动随之逐渐被边缘化。到了明代，商业化和专业化的进一步发展促使纺织业变成了男性从事的专门职业，这改变了性别分工原则，削弱了女性生产者及其拥有的技术知识和技巧的地位，女性成为协助者。这冲击了既有的社会秩序。这一方面与明代经济发展中商品交易的货币化程度，以及白银货币的流通和广泛使用导致折银征收的“一条鞭法”的实施有关，另一方面则缘于明代设立匠籍[①]制度，将手工业者纳入匠籍，强调熟练织工的世袭，突出了男性的地位。

由于社会生产关系、技术与性别的社会体系的发展，在明后期至清，士族与朝廷都开始力图扭转这种状态，使妇女在纺织生产中的重要地位得到恢复并不断强化。如在清代，耕织图和棉花图受到朝廷的格外重视。

女性从事纺织等工作，不仅意味着生产有价值的物品，也隐喻着基本的妇德，如勤奋、节俭、自律。妇女劳作构成社会秩序的重要组成部分，也赋予女性手工劳作促进家业兴旺的责任。纺织的技术和经营的技巧，不仅属于女性的知识技能领域，也喻示着妇女美德对社会秩序的维持有着不可或缺的贡献。家庭是妇女进行生产活动的地点，“男耕女织”虽说似乎有着内外的空间隔离，而事实上，正是妇女的贡献使家庭与整个国家联结在了一起。

这一切既昭示了女性劳动在道德和经济上的重要性，也塑造了女性的社会身份。尽管妇女劳作并非其主动选择的结果，但从把妇女劳作嵌入社会语境去看，可以说，她们扮演了服务社会秩序的重要道德角色。

应该说，对于妇女劳作的强调，并不仅仅是出于经济方面的考虑，而且是在经济变迁的过程中，将其作为一种生活方式来提倡，以塑造一

① 唐、宋、元、明各代把为官府制造手工产品或修建工程的工匠编入特种户籍，称为匠户。明代沿袭了元代的匠户制度，明代手工业者一律编入匠籍，隶属于官府，工匠的全家老幼都要参加生产，世代相袭。这种匠籍制度限制了工匠的独立自主的经营，至清顺治年间才被废除。

种基于男女劳动分工的自给自足的农业社会的田园生活。

三、图像中的德行昭示

前面所呈现的农事图像，既是技术图像，也是传递社会和道德价值的图像。因为，它们更像风俗画，而不仅仅是一种技术展示图。尤其是在受到朝廷关注后，在朝廷的授意下，经过艺术渲染，它们已经转化为一种德行的昭示。

关于楼璹编制的《耕织图》，明人王增祐《耕织图记》（日本狩野永纳延宝四年刻本）即认为此图实际具有谏上与劝下的双重功用：

> 使居上者观之，则知稼穑之艰难，必思节用，而不殚其财，时使而不夺其力，清俭寡欲之心油然而生，富贵奢靡之念可以因之而惩创矣！在下者观之，则知农桑为衣食之本，可以裕于身而足于家，必思尽力于所事而不辞其劳，去其放辟邪侈之为而安于仰事俯育之乐矣。

对于《耕织图》的推崇，体现了重农耕、尚蚕织的统治理念，而对农业在社会发展中的重要性的强调，具有劝诫社会各阶层的作用，更旨在教化百姓专于本业、勤于耕织。正如白馥兰所指出的：“楼璹的绘图流行的原因并不在于它所包含的实践讯息，而在于其所反映的道德准则和社会秩序。”（白馥兰，2009）[8] 她进而声称：“观念与文本是中国式教育的基本成分，但是教育的物质性维度远为突出。教授适当的举止行为和正确使用物事，是强化知识信息的一种方式，同时也是不能完全为语词所包含的道德教化和正确思想之形成的有机组成。教育的这一面向是更为有力的，因为它甚至能被那些没文化的人所接受。”（白馥兰，2006）[34]

比如，明朝的邝璠将《便民纂》与楼璹《耕织图》合编而成《便民图纂》，他对《耕织图》没有完全照搬，而是进行了增删、改动。他在“题农务女红之图”中称，“宋楼璹旧制《耕织图》，大抵与吴俗少异，其为诗又非愚夫愚妇之所易晓，因更易数事，系以吴歌。其事既易知，其言亦易入，用劝于民，则从厥攸好，容有所感发而兴起焉”（郑振铎，1988）[895]。而“容有所感发而兴起焉”，正是从《诗经·豳风·七月》图式“兴观群怨”的教化方式延续而来的。

邝璠所用的吴歌即竹枝词，是由民间歌谣演变而来的一种诗体，非常通俗易懂和口语化，读起来朗朗上口。如其中“收割”“打稻”的内容分别是：“无雨无风斫稻天，斫归场上便心宽。收成须趁晴明好，叶也干时米也干。”“连枷拍拍稻铺场，打落将来风里扬。芒头秕谷齐扬去，粒粒琼珠着斗量。”（见图 5–20）

如果说诗图合体反映的是中国绘画从叙事写实走向象征写意，那么图以释诗和诗以解图则体现出诗歌艺术和图像艺术彼此需要、相互补充，诗图合体的历史体态自然生成。宋元之后的诗图合体和诗图互文相互映衬，使诗图之间的关系更加紧密，进而融为一体，明清时期的农事图像也延续了诗图互释的教育话语。

到了清代，《御制耕织图》有康熙亲自题写的诗句，而《御题棉花图》除了每幅图谱的说明文字外，还附有乾隆诗和方观承诗。方观承在乾隆年间任直隶总督 20 余年，勤于民事，尤为关注棉事活动。从他的题

图 5-20 ［明］邝璠《便民图纂》卷第一（郑振铎，1988）[898]

诗可以看出他对棉布生产活动的熟悉，而乾隆的题诗则另有深意。我们在此可以略举一些例子。

第一幅“布种”（见图 5-21）。乾隆诗曰：“本从外域入中原，圣赋金声实探源。雨足清明方布种，功资耕织燠黎元。”诗句强调承继清康熙所作的《木棉赋》，布种棉花的目的是使百姓身体暖和。方观承诗曰：“细将青核选春农，会见霜机集妇功。千古桑麻文字外，特摛睿藻补豳风。”他是推崇乾隆的诗可以媲美《七月》之类的农事诗。

第三幅“耘畦”（见图 5-22）。乾隆诗曰：“芟密耘长遍野皋，夏畦增此哪辞劳？白家少傅瞑寒中，但识加棉厚絮袍。”诗句除了表达体恤耘畦的辛劳，更是感慨当年白居易虽对百姓的饥寒表示同情，但又自叹不营劳作而无力相救，只知天寒时给棉袍絮上厚厚的棉花。方观承诗曰：“科要分明行要疏，春经屡雨夏晴初。村墟槐柳人排立，佣趁花田第几锄。”相比乾隆，他更重农事本身。

第五幅“采棉”（见图 5–23）。乾隆诗曰：“实亦称花花实同，携筐妇子共趋功。非虚观却资真用，植物依稀庶子风。”诗句感叹采棉之功类似文采与德行并重的风范。方观承诗曰：“入手凝筐暖更妍，装成衣被晚秋天。谁家十月寒风起，犹向枝头拾剩棉。”其重点还在农时农事。

第十五幅“织布”（见图 5–24）。乾隆诗曰：“横纬纵经织帛同，夜深轧轧哪停工？一般机杼无花样，大辂椎轮自古风。”大辂椎轮指古代大车由原无辐条的形态逐步演变而来，意在赞扬棉织的劳作保留了质朴的古风。方观承诗曰：“轧轧机声地窖中，窗低晓日户藏风。一灯更沃深宵焰，半匹宁酬竟日功。”该诗虽也表达了农家的辛苦，却以农事描绘为主。

从上所举之例可见，乾隆题诗的兴趣在于呈现这个长期的具有延续性的社会机制，以及技术的运用如何维持社会秩序。他需要让百姓明白相关责任与义务，并将这种生产活动转化为对传统道德的确认，使其成为帝王与百姓之间社会契约的体现。

楼璹的《耕织图》成为后世官刻或坊间耕织图的母本，而其耕织诗则可溯源至《诗经·豳风》。从《王祯农书》中形成农事诗体，到邝璠开启的日用类书“农桑门”的滥觞，所谓“图绘以尽其状，诗歌以尽其情”，这种诗图互释的教化功能融入了民生、民俗之中。

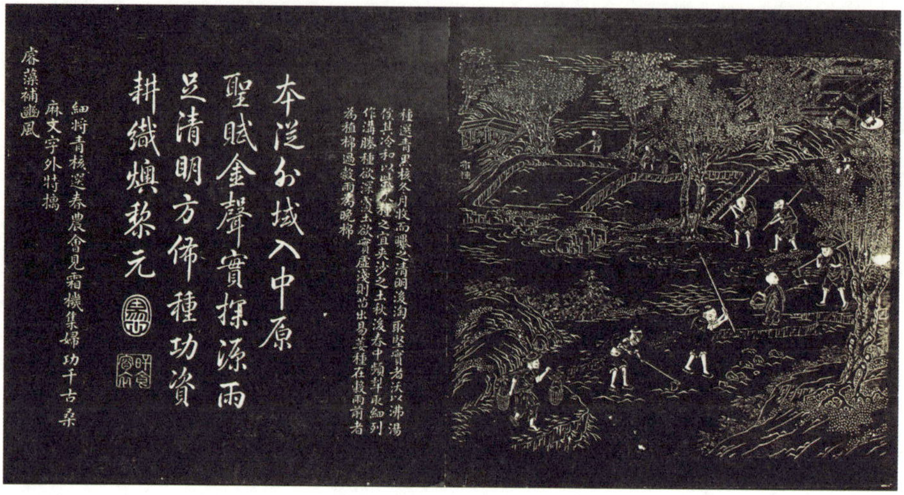

图 5-21 ［清］方观承绘、乾隆题诗《御题棉花图》（布种）
河北博物院藏

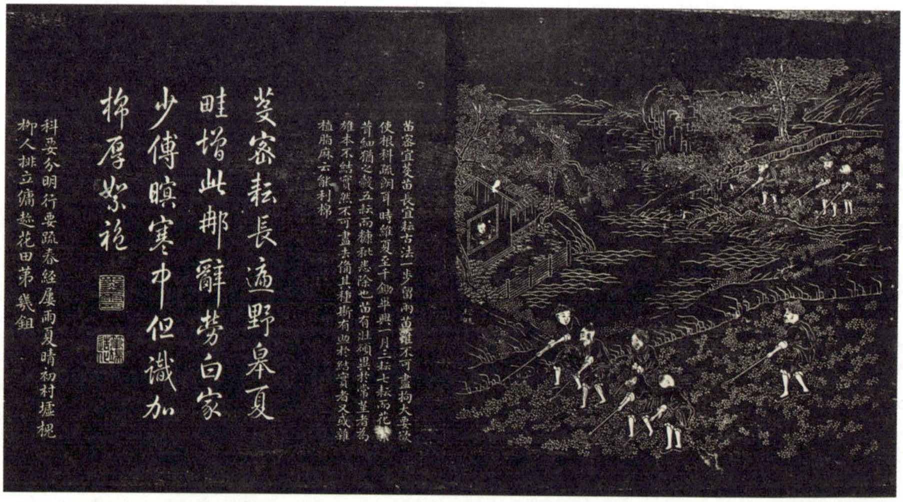

图 5-22 ［清］方观承绘、乾隆题诗《御题棉花图》（耘畦）
河北博物院藏

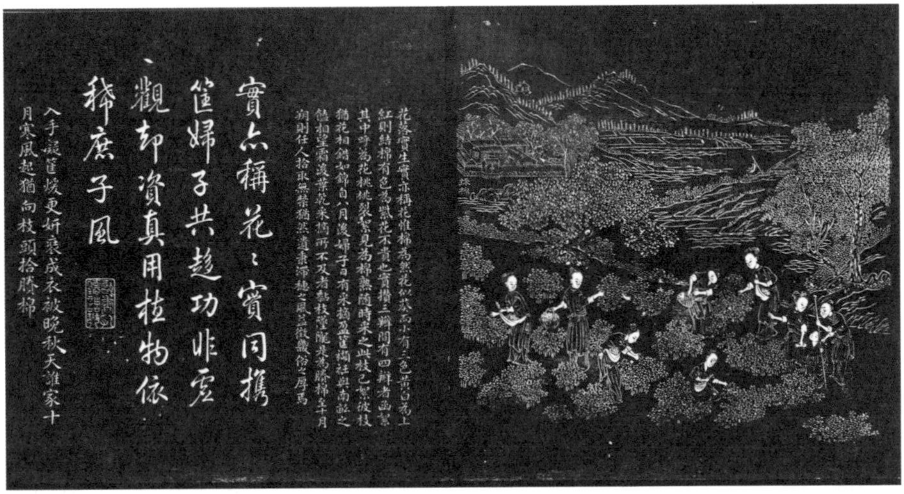

图 5-23　[清] 方观承绘、乾隆题诗《御题棉花图》(采棉)
河北博物院藏

图 5-24　[清] 方观承绘、乾隆题诗《御题棉花图》(织布)
河北博物院藏

由宋至清，宋版《耕织图》流传甚广，出现了很多临摹本与翻刻本，如乾隆年间内务府据元代程棨《耕织图》所作刻石（见图5-25）、乾隆年间朱蓝套印本（由康熙三十五年《御制耕织图》缩摹而成）、乾隆年间黄履昊刊蓝墨套印巾箱本[①]，以及民国点石斋石印本（见图5-26）等。

耕织图还发展为民间的年画，如天津杨柳青和苏州桃花坞都有耕织

图5-25 ［清］《耕织图》刻石拓片

中国国家博物馆藏

① 据戴埴《鼠璞》载："之刊印小册，谓巾箱本，起于南齐衡阳王手写《五经》置巾箱中。"巾箱即古人置放头巾的小箱子，巾箱本板框高9—10厘米，宽在6厘米左右，可放衣袖之中，又称袖珍本。

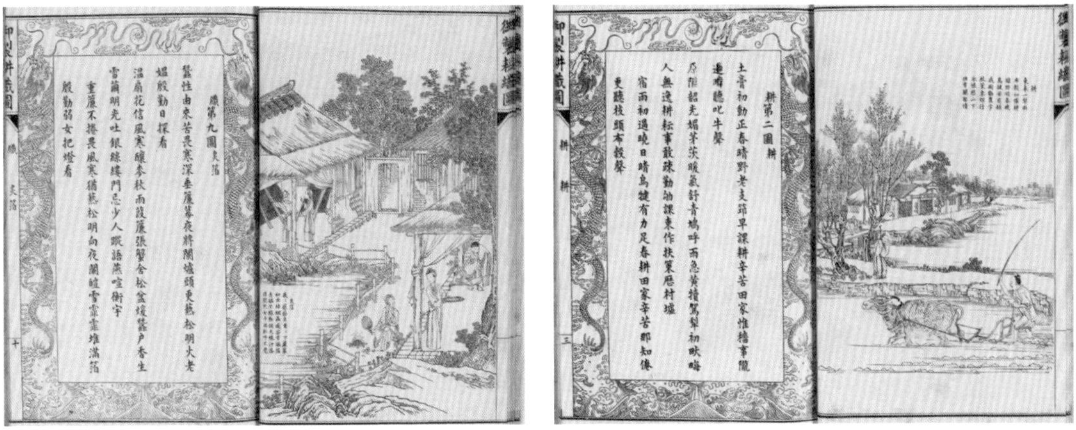

(a)　　(b)

图 5-26　[民国]《御制耕织图》(耕、炙箔)　点石斋石印本

图年画（见图 5-27），还有山东潍坊杨家埠的传统民间版画以及潍县民间灶头画《男十忙》《女十忙》等，农业技术推广转化成了如戏曲、神话、风俗一样的文化现象（中国农业博物馆，1995）[序1]。

图 5-28 描绘了皇帝施亲耕礼、带领群臣进行春耕的场景，而画中人物如戏曲人物一样的装扮，也反映了耕织已经成为传统戏曲的内容。

而苏州桃花坞的年画《渔家同乐图》（见图 5-29），表现了在停靠河边的船上，渔民们享受捕获的喜悦和小孩快乐玩耍的情景，呈现出一片祥和的气象。

山东潍坊杨家埠的传统民间版画和潍县民间灶头画（见图 5-30 至图 5-32），更把耕织图题材融入日常生活之中。

耕织图也对欧洲、日本、朝鲜产生过深远影响。欧洲翻刻有铜版耕织图（见图 5-33）和石板套色耕织图（见图 5-34）。

图 5-27 ［清］《庄稼忙》 纸本
58cm×102cm 中国美术馆藏

图 5-28 ［清］《春耕籍田》 杨柳青木版年画
60cm×102cm 天津杨柳青木版年画博物馆藏

图 5-29　[清]《渔家同乐图》 线版手绘
93cm×52cm　日本海杜美术馆藏

图 5-30 ［清］《打春牛》
山东省潍坊市杨家埠木版年画研究所藏

图 5-31　[清]《男十忙》

山东省潍坊市杨家埠木版年画研究所藏

图 5-32　[清]《女十忙》

山东省潍坊市杨家埠木版年画研究所藏

(a)

(b)

图 5-33　欧洲铜版耕织图（浸种、二耘）

图 5-34　欧洲石板套色耕织图

欧洲铜版耕织图名为 *The Rice Manufactory in China*，尺寸为 23.5 厘米 × 31 厘米，仅有耕图，凡 20 幅，缺“耷”“入仓”“祭神”这 3 幅。画中人物面部带有高加索人种特征，背景处的树石丘陵被换为欧陆样式，具有典型的欧洲“中国风”。来自尼德兰莱顿地区的石板套色耕织图，则描绘了每年正月的皇帝“亲耕礼”，皇帝率领文武百官于先农坛开展亲耕籍田的祭祀活动。皇帝左手扶犁，右手执鞭，以示重农。

桑蚕文化自中国经朝鲜传入日本，中国耕织图对日本文化界影响很深。日本延宝四年（1676 年）狩野永纳复刻了原由明江西按察佥事宋宗鲁翻刻的宋版《耕织图》（见图 5–35）。

用中国耕织图中的元素制作屏风画在日本也非常流行，这些画可作为山水画来欣赏（见图 5–36）。

耕织图还影响了江户时代的浮世绘，著名的有胜川春章与喜多川歌麿（约 1803 年）的作品，描绘了三名妇女在作坊里辛劳整理蚕茧的情形（见图 5–37、图 5–38）。

韩国流传至今的则有首尔国立中央博物馆所藏传为金弘道所作的《耕织图》（见图 5–39）。

该图以《诗经》中的《七月》为主题，属于水墨淡彩系列耕织图，原本八幅的屏风现在只留下了四幅，画面呈现了做农活的场景和养蚕的场面。

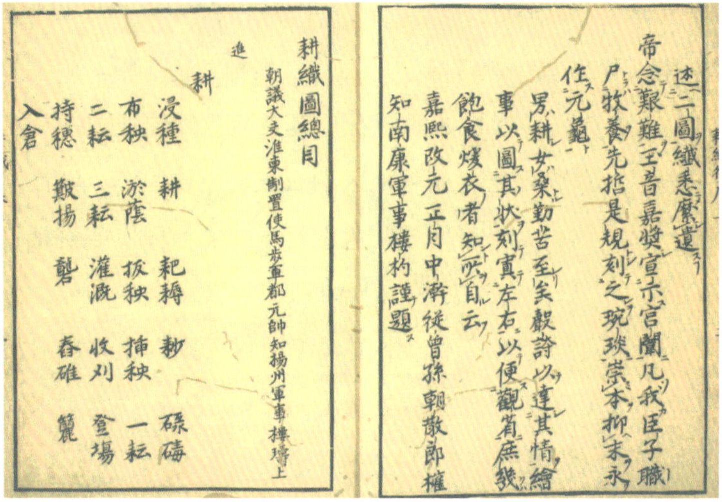

述二圖纖悉靡遺
帝念艱難王者嘉獎宣示宮闈凡我臣子職
尸牧養先掊是規刻之琬琰崇本抑末永
作元龜
男耕女桑勤苦至矣觀詩以達其情繪
事以圖其狀刻寘左右以便觀省庶幾
飽食煖衣者知所自云
嘉熙改元正月中澣從曾孫朝散郎權
知南康軍事樓杓謹題

耕織圖總目
朝議大夫淮東制置使馬步軍都元帥知揚州軍事樓璹上
進
耕
浸種 耕 耙耨 耖 碌碡
布秧 淤蔭 拔秧 插秧 一耘
二耘 三耘 灌溉 收刈 登場
持穗 簸揚 礱 舂碓 篩
入倉

(a)

(b)

图 5-35 ［日］狩野永纳复刻宋版《耕织图》（目录、耕）
日本早稻田大学图书馆藏

(a)

(b)

图 5-36　[日] 狩野探幽《四季耕作》屏风
日本东京国立博物馆藏

图 5-37 ［日］胜川春章《かゐこやしなひ草 第六》 木刻版画

24.1cm×19.1cm 美国纽约公共图书馆藏

图 5-38　［日］喜多川歌麿《女织蚕手业草 六》木刻版画
38.1cm×25.4cm　美国纽约公共图书馆藏

(a) (b)

图 5-39 [朝鲜]（传）金弘道《耕织图》屏风（耕、织） 绢本设色
101.2cm×48.8cm 韩国首尔国立中央博物馆藏

四、社会秩序的教化隐喻

在传统的农业国家中，农业作为衣食之源，是经济发展的基础，也是政权稳固的根本。所以，中国古代统治者向来重视农业生产，清代更是如

此。康熙在《御制耕织图》序中谓“生民之本，以衣食为天”，并引西汉诏令言“农事伤，则饥之本也；女红害，则寒之源也”。农桑之事关乎农民的衣食之本，重视农业是爱民之道。乾隆也说：“帝王之政，莫要于爱民，而爱民之道，莫要于重农桑，此千古不易之常经也。”（清代宫史研究会，2007）[194] 耕织之事不仅关乎衣食温饱，还直接决定着整个社会与国家秩序的稳定。

“虽然传统中国有着发达、成熟的行政官僚体系与制度，但在具体的行政管理过程中，道德教化却发挥着至关重要的作用。”（王加华，2018）表现农事生活的图像都经过了刻意的再创造和提炼，图像叙事的素材具有鲜明的价值导向和主体参与空间，它们充分运用了图像的形象、情感、看不见的“劝说”要素，成为传统社会价值与道德观念最为恰切的切入点和表达方式。

因此，农事图像（如耕织图之类）的创作与推广，并不只围绕具体技术，更具有一种隐喻或象征意义，即织与耕既是家庭生存的重要基础，也是女德与君子之务的体现。当把这种道德义务赋予技术工作时，就将其转化为政府与臣民之间的社会契约关系，把其变成了一种人们都应该期许的公共秩序和政治秩序。因而，“男耕女织”不再仅仅是一种经济活动，更成为一种道德和社会契约的践行，乃至成为中国传统社会的文化母题。

事实也是如此，正如有些学者考证指出的，从宋至清，历代耕织图“在画面内容上基本都是相互沿袭而少有变动，而事实上耕织技术体系一直是在发展变化的，试想怎么可能清代却去推广南宋时期的耕织技术呢”（王加华，2016）。而且，历代耕织图在前后沿袭过程中，呈现出技术操作流程和细节描绘上的欠缺，未能反映技术的变迁。所以，有人认为，耕织图并非技术绘图，因为“它更加注重场景性，而不注重精确性与细节性；它缺乏技术细节的展示，而更像是一种基于常识的比较模糊的对特定生产方式的艺术化的描绘，意在显示某种文化取向、技术审美观”（朱洪启，2010）。

在传播知识与表达意义方面，图像具有文字不可替代的重要功用与价值，具有深远的象征与社会治理意义，历代封建王朝都将其作为一种施行教化规鉴的重要媒介与手段来加以应用和推广，这更类似于一种褒奖性、提倡性的仪式行为，以及一种非法律、制度式的说教。

当社会价值准则与每个人的日常生活相关联，变得具体化和生活化时，便最能够引发共鸣与理解。“相较于语言叙事，图像叙事更倾向于遵守皇权秩序主导下的身份伦理规范，表现出更为明确的秩序认同、征用、维护乃至重建的取向。”（陈晓屏，2016）技术图像则成为一种具象伦理，形成了一种技术与道德整合的景观。运用图像去还原身份认同和践行价值的具体情境，可使人们产生基于视觉经验的一种行为模仿，进行价值判断和行为选择，并形成文化想象与价值认同。

德行观念以民间易于接受的方式进入了普通民众的想象世界。在识字率有限的年代，农事图像提供了比文本更为丰富的证据。而且，图像可以营造社会成员进行感知和想象的情境，并且有效地激活个体对于社会价值的情感或实现动机的内化。作为“移情”学说的重要文献，费舍尔（R. Vischer）的《论视觉的形式感》系统阐释了“移情”的心理机制。费舍尔认为，“移情”的产生，其基础在于主体对客体的情感渗入，即人用自己身体的形式去代替客观事物的形式，因而就把自我体现在那种客观事物的形式中。人通过观察（looking）这一行为，在图像中灌注情感，为图像赋予生动的气韵（Vischer，1994）[94]。费舍尔认为，这种“深入现象”的机制的基础是一种模仿的冲动，它所基于的对相似性的认知，与其说是客体之间的和谐，不如说是主体与客体之间的和谐（Vischer，1994）[101]。费舍尔对包括瓦尔堡、沃尔夫林、贝伦森等在内的一代艺术史学家都产生了影响（Rampley，1997）。“深入现象”也如霍夫曼所称的道德内化的“移情唤醒”（霍夫曼，2003）[184]，运用人们所熟悉的图像显然更有利于情境的营造，以及有效推动对社会价值的认同和践行。

霍克斯（T. Hawkes）说：“隐喻通过形象地而不是从字面上使用一个词或一些词语，承担着两个事物之间的一种关系；也就是说，隐喻是在一种特殊的意义上使用词，这一意义不同于字典里所注出的意义。”（霍克斯，1992）[103]

文学如此，图像同样如此。当在隐喻的意义上使用图像时，它就充当了真实意义的替代物。所以，隐喻是把注意力引向自身。这里还需要提到转喻，这两个术语可以被看作两面一体。如果说隐喻是建立两个事物之间的一种关系，让隐含的立意在场，那么转喻则是被隐含的事物，作为所隐含的道德指向在运作时隐而不显。在农事图像中，我们可以发现转喻所指涉的道德指向通过所题诗词被传达的时候，转喻得到理解，并显得自然贴切，不露声色。转喻具有组合式的价值：当它指向一个农事对象时，在图像组合中，它把所指代的意义组合了起来。

进而，隐喻作为一种机制与方法，与一种内含的意义相关联。当图像同社会语境连接在一起，产生本质上的类比关系时，图像阅读便成为一种隐喻性的工具，使观看者可以激活自身的经验并且通过观看图像调动自身进行知、情、意、信、行转化等主体性认知活动，从而把社会层面的价值取向转化为不同社会群体能够感知和想象的内容，产生价值认同的互动。由此，图像阅读构成了一种意义的实践，再现并确认图像隐含的社会关系和身份认同。

从《诗经·豳风·七月》图到耕织图、蚕织图、棉花图，这些传世的农事图像，为我们呈现了一幅幅在历史长河中以农桑为本的传统生产劳动和社会生活的风俗图景。今天，自给自足的传统社会早已被时代的发展所超越，在科技高速发展的当代，追溯“男耕女织”这一中国传统社会生活的教育文化母题，其中的人与自然的统一、天道和人道的合一、社会生产的性别合作等内涵，可使我们体味人文精神传统及其面向现实和未来的意义。

第六章

嵌入生活的教育：对相杂字的流变及其意义

通过对宋元时期出现及流传的、以图文相对照的对相杂字的历史的梳理，可以看到对相杂字作为图识和字学一体而流传于民间的图文识字教材，以百姓日常生活为题材，语言通俗内容浅显，不仅是世界上最早出现的图文对照的蒙学课本，而且在后世随着社会经济发展，在传授与农工商有关的实用技艺的过程中，成为一种嵌入生活的独具特色的教育方式。相关文献为我们深入解剖和理解其与社会文化和经济生活的关系提供了生动的史实。

一、杂字蒙书的源流

“蒙养之时，识字为先。”早在两千多年前的周秦时代，即出现了供儿童识文习字用的蒙学教材，如《史籀篇》等。南北朝以后，识字教材分为两路：一路是我们所熟知的《三字经》《百家姓》《千字文》，它们为官方所承认，编法雅驯，为士大夫们推崇备至，千余年来影响巨大、使用极其广泛；另一路则是主要流传于民间，汇聚百姓实际生活中所见所需字词，按类组织编撰而成的非正规识字读本，宋以降广为流行，统称“杂字”。“三百千”（即《三字经》《百家姓》《千字文》）之类的蒙学教材，让儿童在识字的同时，浸润于儒家思想，为年纪稍长后通读四书五经、科考仕进做准备。而杂字类蒙书以用于平民子弟日常生活为目的，摒除了空泛的说教，丰富的生活色彩和灵动的时代特征跃然纸上。

郑阿财和朱凤玉在《敦煌蒙书研究》中谈到《开蒙要训》（见图 6-1）时指出：

> 《开蒙要训》从编辑方式、选字、用词等方面都可以看出仿效《急就篇》的痕迹，可供吾人了解六朝至唐此类蒙书承袭发展的情形。唐以后识字类蒙书的数量与内容均较丰富，其中颇多是因应一

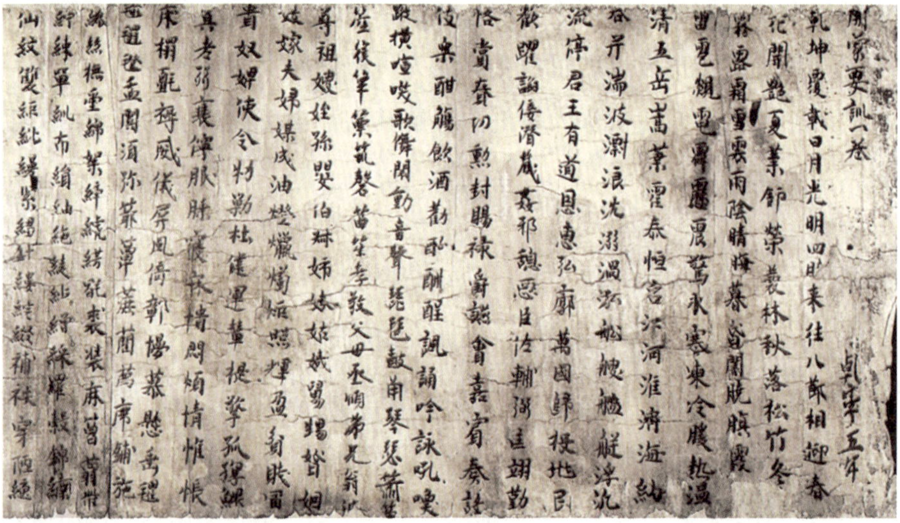

图 6-1 ［唐］敦煌本《开蒙要训》（BD1466）局部

中国国家图书馆藏

> 般平民子弟实际生活所需而编成。此类蒙书主要搜罗日常生活的基本常识，并将各种杂学与名物加以会集编纂而成，如《四言杂字》《五言杂字》《六言杂字》及《七言杂字》等，在不同时代、不同地区有不同的本子，并不断有所修改增删，因此现存的“杂字”书，其编纂时代与作者均不易考订。但此类“杂字”蒙书，从其形式与内容性质的特点观之，可知是继承唐代盛行的敦煌写本《开蒙要训》一类发展而来的。（郑阿财 等，2002）[68]

后世的杂字与百姓生活的联系更为密切，语言也更通俗易懂，甚至采用了口语，并且随着社会进步及商品经济发展，杂字还传授与农工商有关的实用技艺，内容更趋丰富实用。

美国学者罗斯基（E. S. Rawski）在其著作中讨论了清代的蒙学教育。他在探讨清代中国人的识字问题时，认为历史上中国人的识字内容很少涉及日常生活。随着明清商品经济的发展，对大众教育最富意义的是大量社会下层人物的出现，如伙计、账房先生、商人以及小手工业主等，使得对掌握日常经济生活所不可缺少的读写能力的需求日益增长，也使得民众性的识字教育不再单纯为了儒学学习或准备科举，从而使普及识字的教育呈现出与以往不同的特点（Rawski，1979）。

张志公的《传统语文教育初探》（1962）、《传统语文教育教材论：暨蒙学书目和书影》（1992），毛礼锐、瞿菊农、邵鹤亭的《中国古代教育史》（1979），徐梓的《蒙学读物的历史透视》（1996）都涉及了杂字。而顾月琴的《日常生活变迁中的教育：明清时期杂字研究》（2013）对中国历史上的杂字及其教育做了更为详尽的研究。

二、图画识字课本的出现

从历史上看，东汉王充在《论衡·别通篇》中提出图像无用论，所谓："人好观图画者，图上所画，古之列人也。见列人之面，孰与观其言行？置之空壁，形容具存，人不激劝者，不见言行也。古贤之遗文，竹帛之所载粲然，岂徒墙壁之画哉？"他认为文字比图像更能真实地反映古贤的思想与行为。图像是哑言的、无语的、"可验之目前"，但无以传音容。这种说法在中国历史上一度占了上风。

唐初的裴孝源在《贞观公私画录》中批驳王充，强调图的重要："有形可明之事，前贤成建之迹，遂追而写之。"唐张彦远在《历代名画记》中更是认为，"记传所以叙其事，不能载其容；赋颂有以咏其美，不能备其象。图画之制，所以兼之也"。他强调了图像的史料作用。

到了宋代，郑樵批评前人"尽采语言，不存图谱"的做法，认为"图谱之学，学术之大者"，"天下之事，不务行而务说，不用图谱可也。若欲成天下之事业，未有无图谱而可行于世者"。他在《通志》中创立"图谱"略，重新将传世的图像数据纳入史学。而对相杂字在某些方面也可看作在教学教材编制上对郑樵的想法的回应。

事实上，张彦远《历代名画记》开篇"叙画之源流"曾谓：

> 颜光禄云："图载之意有三：一曰图理，卦象是也；二曰图识，字学是也；三曰图形，绘画是也。"（张彦远，2011）[2]

颜光禄即南朝颜延之，字学包括文字训诂与图像，形态特征便是书画一体。这可能是关于图文一体的最早论述。历史上极具代表性的就是图文对照的蒙学课本——《新编对相四言》。

明代《文渊阁书目》和《菉竹堂书目》著录《对相四言》，约成于宋代，作者不详，原书已佚。《文渊阁书目》卷十一类书，记有“对相识字一部一册阙”。王重民在《中国善本书提要》中记有：

> 《新编对相四言》一卷，明司礼监刻本。……“对相”谓为每字或每词出一相，对刻于次行，以便童蒙，如今日“识字图说”。……明初即已有此类课本。数百年前，此类儿童读物已通行，实教育史上所应大书特书者。（王重民，1983）[372]

20世纪60年代初，语文教育专家张志公先生得知美国哥伦比亚大学（以下简称“哥大”）东亚图书馆有一本《新编对相四言》，据说是明英宗正统元年（1436年）刊本（见图6-2）。后来机缘巧合，他在旧书店购买到一本石印复制本《新编对相四言》，他注意到了书中“筐”字末笔无横，推知其为避宋太祖赵匡胤讳。该书所收部分字词如“鞍”“辔”“镫”等流露出刀兵骑射生活的气息，而“笠子”“答护”“毡帽”等更是蒙古族的衣饰名物。张志公先生考证得出的结论是：

> 大约在南宋晚期，即十三世纪初，出现了一种新的蒙书——“对相”的，即图、文对照的识字课本；此后，在那个原始本的基础上，经过元、明至清不只一次增删修改，产生了一系列有同有异的看图识字读本；《新编对相四言》是元初以宋本为底本，经过较大修

改的产物，所以带有较多的元代色彩，又留有若干宋书痕迹。（张志公，1992）[187]

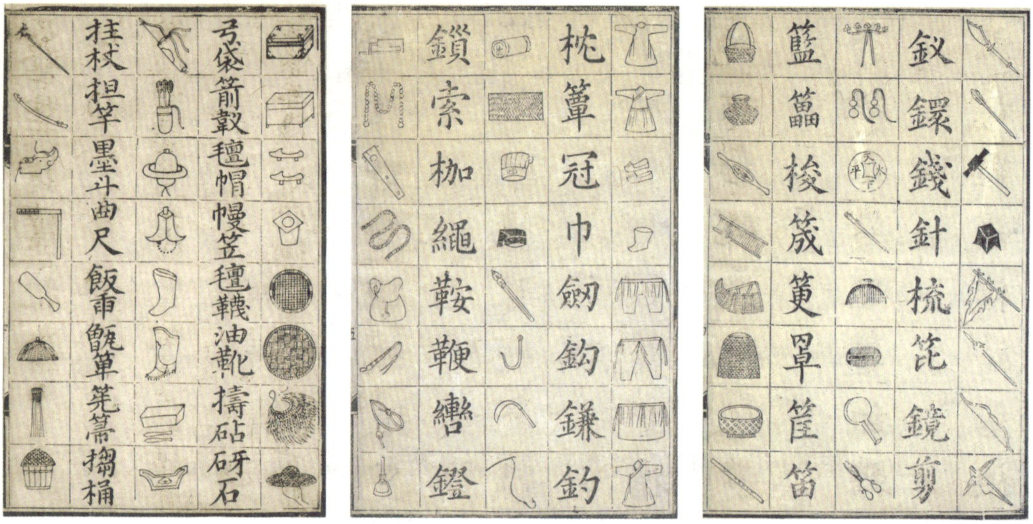

(a)　　(b)　　(c)

图 6-2 ［明］《新编对相四言》内页示例　木刻本
框高 26.5 厘米、半页宽 17.5 厘米　美国哥伦比亚大学东亚图书馆藏

他推断《新编对相四言》是在南宋时期《对相四言》的基础上修改而成的，最终产生于元代初期。

1967 年，香港大学出版社出版过《新编对相四言》的英文版（见图 6-3），所依据的就是哥大所藏的版本。这个英文版由曾执教于哥大东亚系的汉学家傅路德（L. C. Goodrich，1894—1986）影印并翻译、介绍和注释。傅路德在英文版《新编对相四言》的前言中，将其定义为“15 世纪中国图文识字启蒙教材”（15th century illustrated Chinese primer）。

傅路德除了沿用“筐”字末笔无横、避宋太祖赵匡胤讳的说法，还指出尽管有一些迹象暗示《新编对相四言》一书可能出自宋代，但是几种目录书还是认为它是明代早期印刷品的一个很好的例子。另一个证据是其中有一幅算盘图，而算盘是在那个时期才开始流行起来的。商伟也指出，钱面铸吉语“天下太平”，当为南宋钱币（商伟，2015）。上述分析肯定了该书是出现于宋、流传到明的目前能够见到的《新编对相四言》最早版本。

图 6-3　香港大学出版社英文版《新编对相四言》封面

有意思的是，哥大的这本《新编对相四言》，虽“不著撰人姓氏”，却留下了收藏者的题跋。只见首页“新编对相四言”六字下方，题“祝氏藐园所藏”；末页“新刊对相四言终”六字下方，有一小段跋（见图 6-4）：

> 此宋本课儿书。看图识字，当时已用此法，……传留至今，完全无缺，颇不易得。内中不惟筐字缺末笔，所取材料皆有时代关系，颇堪令人玩味也。时壬戌秋七月既望，荫庭志于藐园。

傅路德认为“壬戌年”即 1922 年，此跋即为祝荫庭购得《新编对相四言》后不久所题。当然，能有眼力购得《新编对相四言》的祝荫庭也

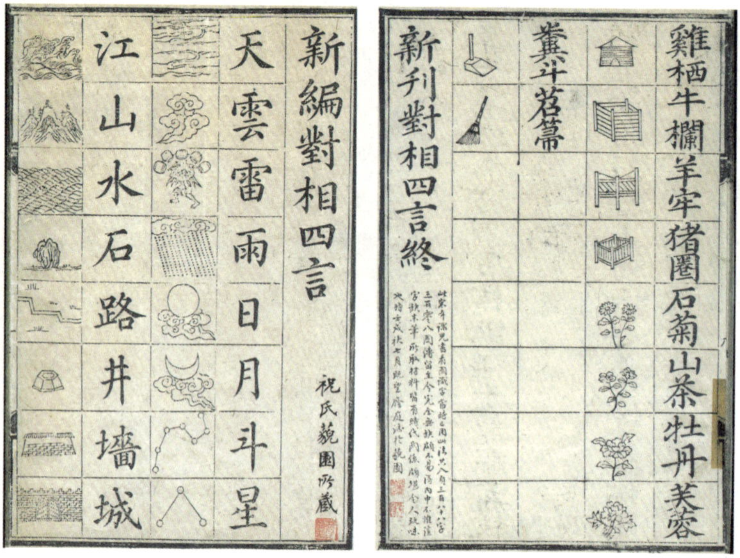

(a)　　　　　　　　(b)

图 6-4 ［明］《新编对相四言》首、尾页　木刻本
框高 26.5 厘米、半页宽 17.5 厘米　美国哥伦比亚大学东亚图书馆藏

非一般人物，据唐晓云考证，他曾被蔡元培任命为北京教育会第一任会长，甚至与鲁迅同在教育部供职，二人亦有交往（唐晓云，2015）。

但后来《新编对相四言》又如何流出藐园，最终入藏哥大东亚图书馆？哥大东亚语言与文化系商伟教授在应邀为《新编对相四言》首次面世撰写长篇序文的过程中，几经周折，在北京大学图书馆发现了哥大藏本的一个晒蓝复制本以及夹藏的一封英文信件与两幅照片。信是民国时期北平国立图书馆的一位秘书写给福克斯（W. Fuchs）的："亲爱的 W. Fuchs 博士：谨告知您前天出示的那本配图识字并非宋本，而是出版于明代。此书虽然极为罕见，但据知还有其它几个本子传世。因此，向您报价的这本并非孤本。上述信息是我们善本部的赵万里先生所提供的，他也是辅仁大学的中国目录学的讲师。他的意见是，这本书至多只值索价的三分之一。”（商伟，2015）从信中可知，这位福克斯博士十分关注中国的善本书市场，当时正在为美国的某个研究机构或大学图书馆代理这方面的业务，且购得了一批中国古籍善本，其中就有《新编对相四言》。“附件中的两幅照片，分别是《新编》的首页和尾页，首页书题下题‘祝氏藐园所藏’，并附有他的印章，尾页后有他的题跋，声称该书为‘宋本’。这正是哥大藏本。信中转述了赵万里先生的意见，显然针对的是祝荫庭的这一说法。”（商伟，2015）

可以想见的是，时值日本侵华，上海沦陷。1932年，上海商务印书馆遭到日军飞机的轰炸，当时号称东亚第一的图书馆所藏几十万册图书一夜之间化为灰烬，价值连城的善本孤本图书就此绝迹人寰。海内外人士在震惊之余，发起了各种抢救计划。也正是在此期间，美国的几个主要大学的图书馆分别购入了一些中国古籍善本，《新编对相四言》就在其中。在那个兵荒马乱、人们颠沛流离的年代，它漂洋过海到了纽约。自1967年出版过一个英文版后，《新编对相四言》又深藏不露，在哥大东亚图书馆不知不觉又度过了将近半个世纪的光阴。“直到2014年5月，《新编对相四言》终于盼来了故土同乡对她的探访。……哥大东亚图书馆程健馆长在获得校方的授权后，慷慨地将《新编对相四言》交给上海世纪出版集团上海书店出版社出版。”（唐晓云，2015）[①]

---

① 唐晓云在《美国哥大东亚馆藏〈新编对相四言〉版本及流传考述》中谓：“首次面世的再版《新编对相四言》宣纸彩印，版框高26.5厘米，半页宽17.5厘米，忠实地再现了明刊《新编对相四言》版式疏朗、页面阔大的原貌。”

《新编对相四言》无撰者姓名及出版年代。该书每页正文有四列，每列八格，左图右文，两相对照。其中收单音节字（每格一字）224 个，双音节字（每格二字）82 组，全书共 388 个字、306 幅图，图文对照是其特点。大部分是四字为句，部分押韵但不成文理。全文包括“天云雷雨”等自然现象，“竹荷梅柳”“鹅鸭鸡猪”等常见动植物的名称，“手脚身眉”等人体器官，“观寺桥亭”等普通建筑物，“笔墨纸砚”等学习用具，“衣衫鞋袜”等常见服饰，“车轮”“锅盆”“交椅”“扫帚”等日用家什和器皿，所列事物与早期蒙学教材《急就篇》及《开蒙要训》等基本相同，简单通俗。明清时期杂字分类编排，与其有因袭关系。

值得一提的是，美国汉学家傅路德在为英文版《新编对相四言》写的“前言”中认为：

> 它的明显目的是教人们如何阅读日常用语，……这本书对我们的价值在于它以简单的形式反映了当时的物质文化，以及某些不再使用的术语。（Goodrich，1967）Preface

日本教育史学家石附实也以为，要“从社会底层历史地代代相传下来的人们生活文化中去抓住活生生的教育实态本身”（石附实，1993），而观察教育实态的一个重要视角就是各国教育风俗中有关“物”的侧面。如果没有图像参照，那么对于“答护”“一撒”“脚绷”等蒙古族衣着，今天的读者恐怕完全不得要领。只有看图，才能对古代社会的名物风貌有直观的了解。《新编对相四言》及后来的对相杂字涉及的建筑、家具、器物、衣着服饰等承载着中国人日常生活中的物的意义和功能，也成为记忆、时间、情感和生命意味的负荷者，留下了时代和地域的印记。

三、流变中的对相杂字

杂字最早出现于汉魏时期，历史上识字教材众多，而图文对照的对相杂字则出现于宋元时期，此后各个时代的对相杂字也较繁杂。随着明清以后商品经济的发展，大众教育中最富意义的现象是大量社会下层人物的出现，如伙计、账房先生、商人以及小手工业主等，使得对掌握日常经济生活所不可缺少的读写能力的需求日益增长，杂字种类日趋繁多，内容也逐渐丰富。在此，选择一些流传的版本，以观察其流变的基本情况。

比较有意思的是，哥大东亚图书馆还藏有一册《魁本对相四言杂字》，其由日本稀书复制会发行所（米山堂）于大正九年（1920 年）7 月影印出版，作者不详，首页记“洪武辛亥孟秋吉日金陵王氏勤有书堂新刊”（见图 6–5），即明初洪武四年（1371 年）金陵王氏勤有书堂所刊。作为一本看图识字的儿童读物，《魁本对相四言杂字》共收名物 308 件，有图 306 幅，四字一句，每字或每词出一相（图画），图文对照。

据商伟考证，《新编对相四言》与《魁本对相四言杂字》虽然从内容上说大体相同，但在版式、字体和图像方面有显著差异。《魁本对相四言杂字》保留了某些元刻风格，但字体等更近和刻。而且《魁本对相四言杂字》中的“筐”字末笔并无去横，“答护”“一撒”“笼篙”等蒙古族衣饰名物被删去。而且，清代绿慎堂刊《魁本对相四言杂字》只收了 336 个字、280 幅图，是随着社会生活变迁而在底本的基础上有所删减调整的（商伟，2015）。

其中也有一幅算盘图（见图 6–6），图上画的是梁上二珠、梁下五珠

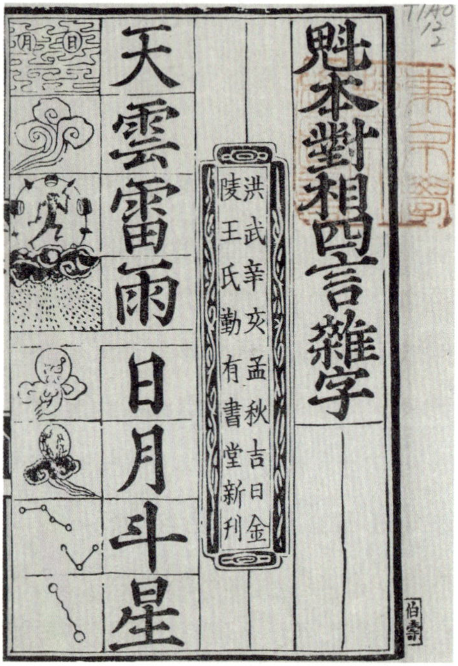

图 6-5 《魁本对相四言杂字》首页
美国哥伦比亚大学东亚图书馆藏

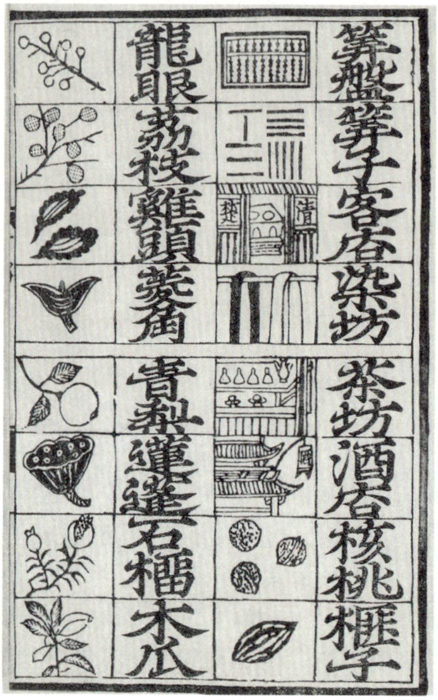

图 6-6 《魁本对相四言杂字》第 19页
美国哥伦比亚大学东亚图书馆藏

的十档算盘。相对于前文推断的《新编对相四言》刊行时间，《魁本对相四言杂字》刊行的时间在明初，可以算是至今发现最早绘有算盘图的图书。在儿童看图识字的读物中绘有算盘图，说明算盘在明朝初期是民间的算具，而不是陌生的新事物。算盘图下面还绘有操作数，也就是算筹，这说明算筹在明初社会还存在，也就是说，当时仍是珠算和筹算并行的时期。

其实，研究艺术史和算学史的专家已注意到北宋末年张择端所绘《清明上河图》卷末的赵太丞家药铺柜台上的算盘（见图 6-7），这也与张志公先生举证认为算盘出现可能早于 13 世纪的说法相吻合。而在明朝初期算盘已经成为民间通行的算具。

而且,《魁本对相四言杂字》相比《新编对相四言》多了“客户”和“牙刷”两个双音节词，尤其从图像来看，牙刷的形制与现代牙刷非常相似（见图 6-8）。其实，1985 年成都博物馆和四川大学博物馆的考古发现中就有唐代的四把骨质牙刷柄。南宋吴自牧的《梦粱录》卷十三记载临安城里有很多杂货铺，其中就有牙刷专卖店，如“凌家刷牙铺”“傅官人刷牙铺”。那时的牙刷是用骨、角、竹、木等材料制作，在头部钻毛孔两行，上植马尾。在南宋严用和所撰《严氏济生方》中，就有这样的描写：“每日清晨以牙刷刷牙，皂角浓汁揩牙，旬日数更，无一切齿疾。”元代诗人郭钰的《郭恒惠牙刷得雪字》中谓：“老气棱棱齿如铁，曾咀奸腴喷腥血。倦

图 6-7　[宋] 张择端《清明上河图》局部　绢本淡设色

24.8cm×528cm　北京故宫博物院藏

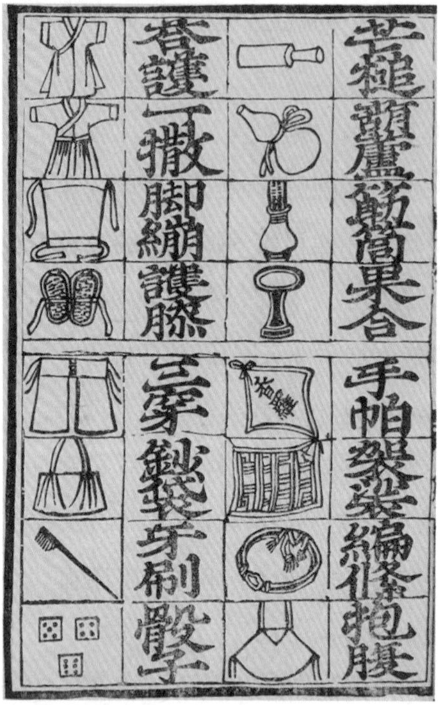

图 6-8 《魁本对相四言杂字》第 18 页
美国哥伦比亚大学东亚图书馆藏

游十载舌空存，欲挽银河漱芳洁。南州牙刷寄来日，去腻涤烦一金直。短簪削成玳瑁轻，冰丝缀锁银鬃密。朱唇皓齿娇春风，口脂面药生颜色。琼浆晓漱凝华池，玉麈昼谈洒晴雪。辅车老去长相依，馀论于君安所惜。但当置我近清流，莫遣孙郎空漱石。”对于牙刷的形状、材质、做法等的描写细致，说明当时牙刷的形制已与现代牙刷相差无几了。金时元好问所著《续夷坚志》中记载了一种刷牙粉的配方：“茯苓、石膏、龙骨各一两，寒水石二两半，白芷半两，石燕子大者一枚，小者一双，末之，早晚揩牙。繁峙王文汉卿得此方于鳞抚折守，折守得于国初洛阳帅李成。折年逾九十，牙齿都不疏豁，亦无风虫。王公今九十，食肉尚能齿决之。信此方之神也。”

到了清代，更是涌现出不少具有特色的对相杂字。

《广聪汇要，鳌头杂字，骰谱酒令》撰者不详，清同治年间由文蔚堂书坊出版（见图 6–9）。全书共分三部分。第一部分是“广聪汇要上卷”。第二部分“鳌头杂字”中皆图文对照。上层是“山海一览”，列举了俞儿、骄虫、奢尸、烛阴、帝江等传说中的怪异事物。如“骄虫”二字下

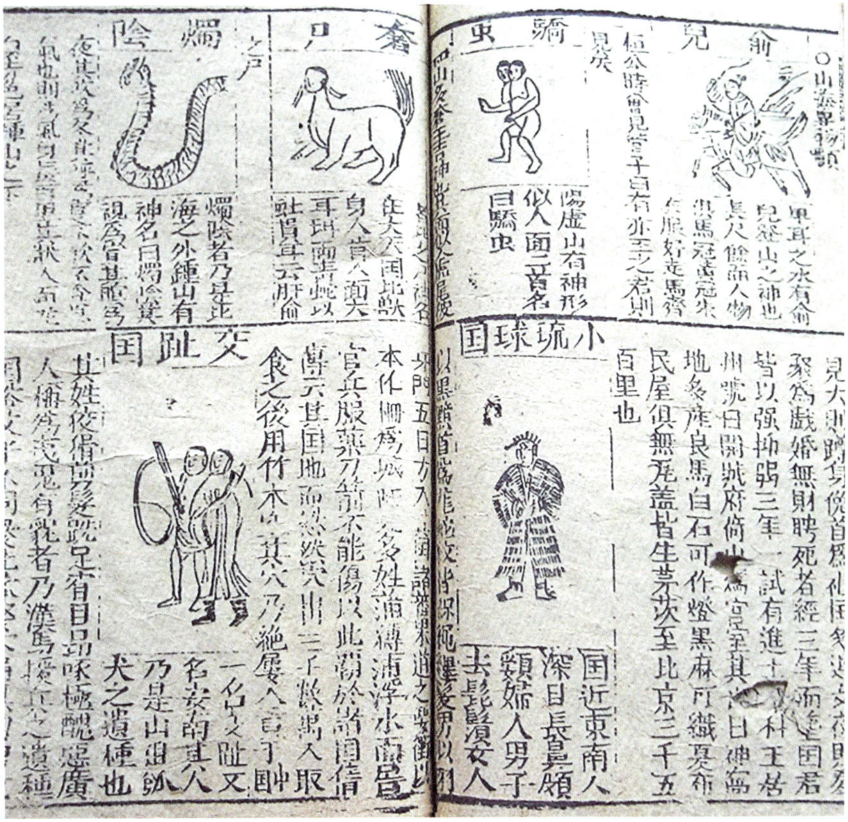

图 6-9　[清]《广聪汇要，鳌头杂字，骰谱酒令》第二部分“鳌头杂字”

方有一两头怪人的图画，图下有注：“阳虚山有神形似人面二首名曰骄虫”。这层结尾部分是种子门，介绍了十月受胎图诀。下层主要介绍“外夷土产入民国”，依次列举高丽国、小琉球国、交趾国、真腊国、暹罗国等周边国家。第三部分是“新锲南北时尚绮筵骰谱酒令”。每段文字介绍前附插图一张，这样使比较抽象枯燥的文字顿时有了立体感，可以增强识记的效果。

又如图文对照的《新出对像蒙古杂字》（以下简称《蒙古杂字》），撰者不详，清嘉庆年间由京都老二酉堂出版（见图 6-10）。正文第一页上书“新刻校正买卖蒙古同文杂字”，最后一页末行落款为“京都打磨厂文成堂梓行”字样。从中可知在该书刊行之前即有未经校正的为旅蒙商人更好地同蒙古人交往而编写的识字教材。它既吸收了其他杂字的体例与内容，也拥有北方游牧民族的浓重风味。从事蒙汉贸易的商人伙计“皆手一编，习语言文字，村塾生徒无其勤也”。除京都老二酉堂外，京都文成堂也曾刊行此书。

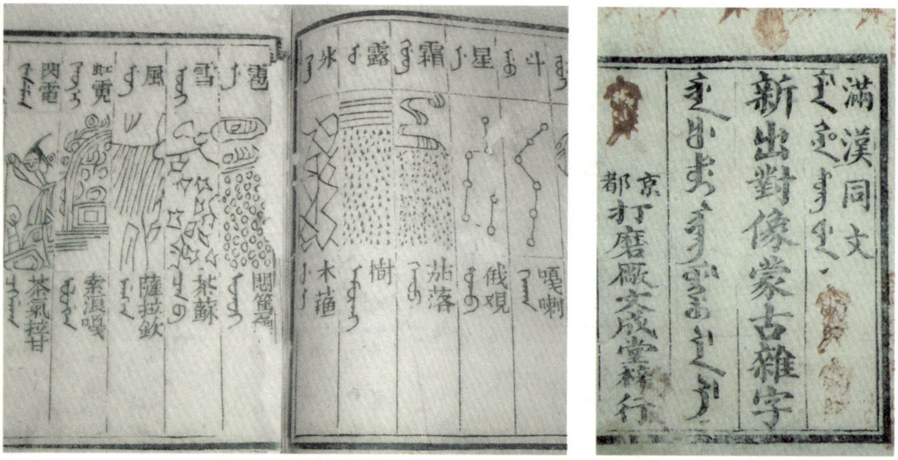

(a)　　(b)

图 6-10　[清]《新出对像蒙古杂字》两页

此外，还有清康熙八年（1669 年）刻行，由陈眉公选集、王百谷注释的《增补素翁指掌杂著全集》（又称《增补易知杂字全书》）（见图 6-11），为书林千赋堂刊本。其中分类编排，又图文对照，以看图识字、增长见识为目的。其内容还包括日常文书、家中书札、帖式手镜（即各种请客或者礼尚往来的文帖）、关约契式手镜（训蒙、兄弟分家、做生意、官府禁约、买田买屋、婚娶等一类的合同契约文书）等，书前附百家姓、小儿论。该书融趣味性、知识性和实用性于一体。

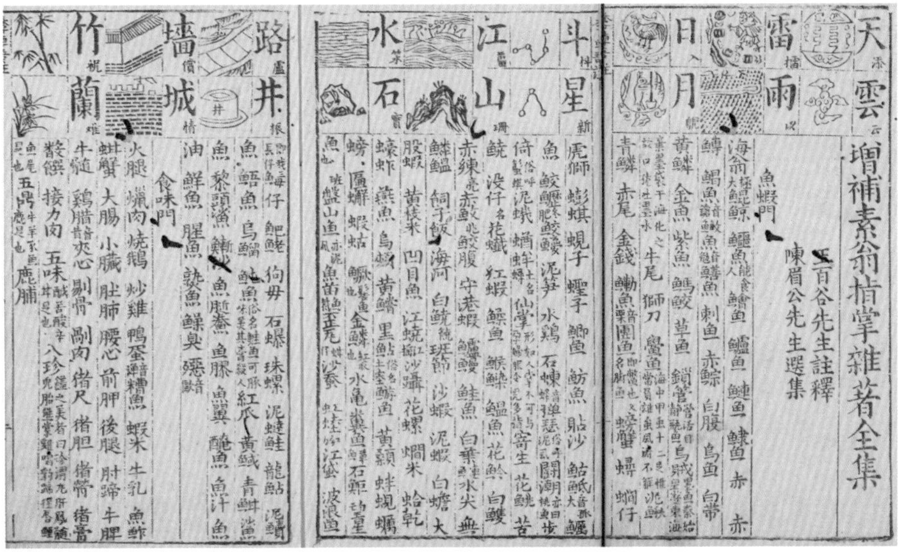

图 6-11　[清]《增补素翁指掌杂著全集》内页示例

《绘图智灯杂字》（见图 6-12）撰者不详，清宣统元年（1909 年）由上海、广东等地的广益书局，以及绍兴奎照楼、墨润堂出版。该书分上下两卷，其中上卷包括天文类、地理类、时令类、农器类、文史类等 24 类，下卷包括药材类、艺业类、古粟类、课读类、课业对类等 18 类，内容丰富详尽，并对所选字词读音及含义做了说明，属于释义杂字类。

《幼学杂字》（又名《新增幼学杂字》《对相杂字》《四言便读》）不著编者名氏，而题“状元阁爵记鉴定”，为清代光绪丁酉年（1897 年）李光明庄刻本。这本书分为上下两部分。下部分一行文字、一行图像，文

图一一对应，故又名《对相杂字》，与现在看图识字一类启蒙读物颇为相似。上部分题“四言便读”，四字一句，凡 700 余句，合计 2800 余字。全书设置 21 个门类，依次为天文门、地理门、人物门、时令门、身体门、人事门、衣冠门、首饰门、文事门、武备门、婚姻门、布帛门、银色门、五谷门、花木门、鸟兽门、饮食门、杂货门、百艺门、起盖门及农桑门。

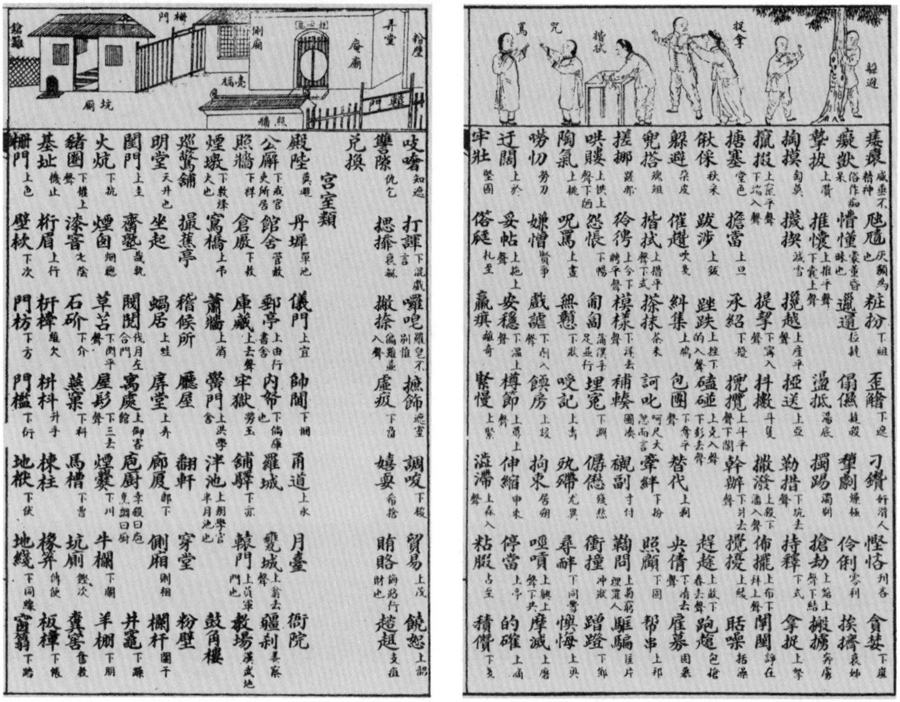

(a)　　　　(b)

图 6-12 ［清］《绘图智灯杂字》第 3—4 页

上述对相杂字皆将识字、知识普及、职业教育融为一体，在传授与农工商有关的实用技艺的过程中，成为一种嵌入生活的独具特色的教育方式。

中日甲午战争后，中国处在了危急存亡之秋。站在时代潮头的先进分子认为“就中国之贫，宜先开中国之智”，教育与启蒙大众被视作挽救时局的良方。维新运动以后，特别是1905年废科举以后，中国的新式学堂、新式教育如雨后春笋般出现。新式教育要取代旧式教育，必须用新式教材取代旧式教材，这种时候开发新式教材就成为当务之急。率先启动新式教材建设以适应新式教育发展的是一批早期的新式学堂。其中，上海南洋公学、上海澄衷学堂、无锡三等公学堂、上海三等公学堂等走在最前面，它们开发出来的教材首先满足了自己学校教育的需要，后来迅速被很多新式学校所采用，满足了当时新式教育的发展需要。

1897年，南洋公学拉开了中国师范教育的历史帷幕，在“以民智为最急”的救亡时代，南洋公学师范生以《蒙学课本》切入时代命题，明确“泰西教育之学，其旨万端，而以德育、智育、体育为三大纲。德育者，修身之事也；智育者，致知格物之事也；体育者，卫生之事也。蒙养之道，于斯为备。是编故事六十课，属德育者三十，属智育者十五，属体育者十五”。他们首次以“德智体”为纲编排教科书课文，首次以“课”来规范单位容量，首次强调“国民教育”的重要（石鸥，2017）。这开创了我国自编现代教科书的先河，其他学堂纷纷效法。

初版于清光绪二十七年（1901年）的《澄衷蒙学堂字课图说》（澄衷蒙学堂石印）（见图6-13），即为当时上海澄衷学堂校长刘树屏所编的识字教材。与南洋公学草创的《蒙学课本》相比，它最大的特点就是用工笔绘制了大量精美的插图。全书4卷（8册），共选3291个汉字，插图762幅。字图相互配合，让学生在习字之余潜移默化地受到了艺术的熏

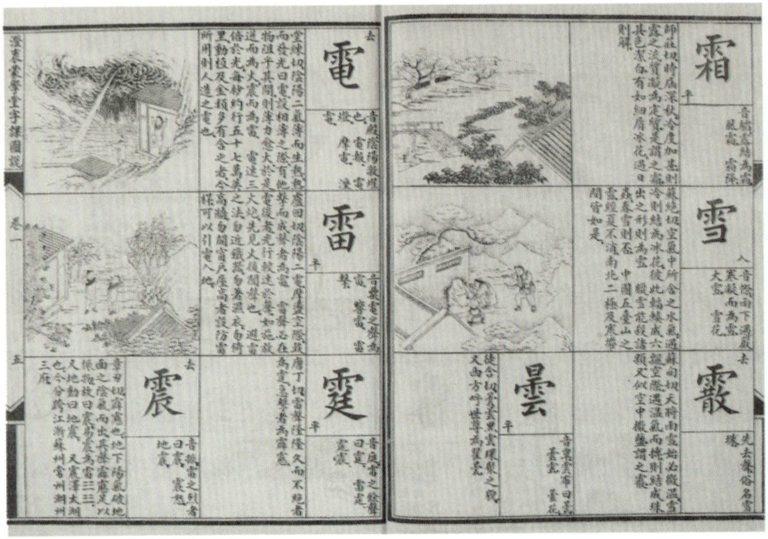

(a)

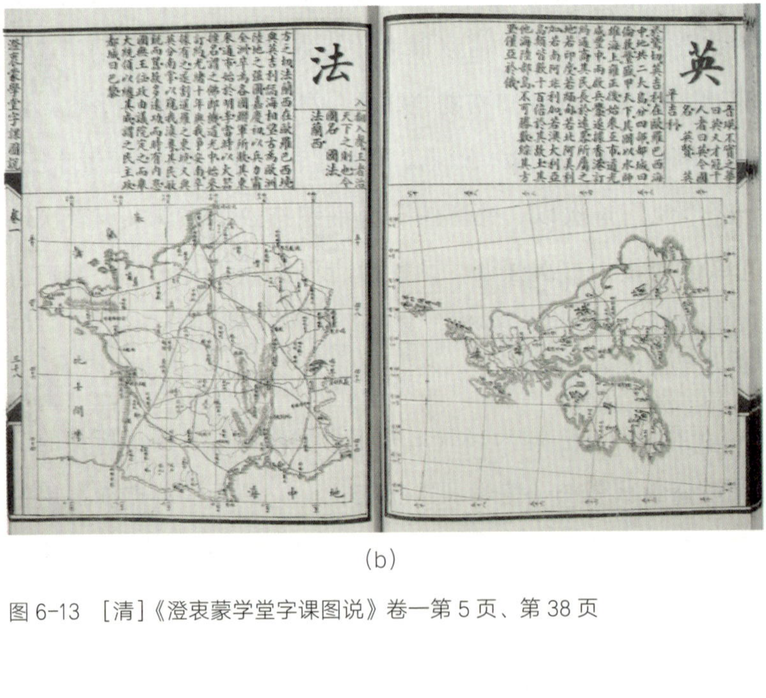

(b)

图 6-13 [清]《澄衷蒙学堂字课图说》卷一第 5 页、第 38 页

陶。其教学设计也讲究因材施教和循序渐进，内列检字、类字、字课图说等内容。每个字的字义分详简二类，简说为 10 岁以下的学生而说，详说为 11 岁以上的学生而说；注音、释义各有侧重；以常用字为主，生僻者不载；识字之序分浅深二级，先浅后深。此书既是一部小型的百科全书，又是一部小学字典，同时还是一部解释字根意义、正本清源的“说文解字”，达到了对相杂字的巅峰。诸多知名人士，如胡适、竺可桢、茅盾等都曾以此书作为童年的启蒙教材。

由《新编对相四言》开创的图文对照形式，还影响了不少清末民初教材的编写，特别是突出了插图的作用。如无锡三等公学堂于 1901 年出版由俞复等编纂的《蒙学读本全书》（文明书局石印本），插图精美，有“文、字、画”三绝的美誉（见图 6–14）。

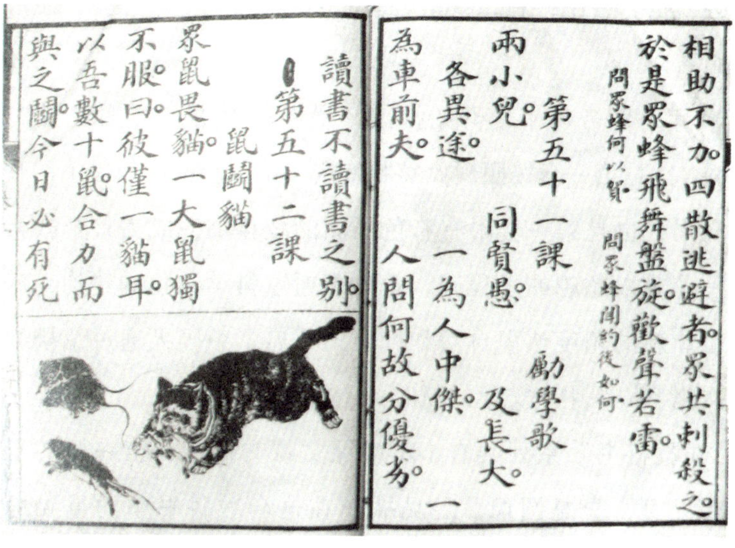

图 6–14　[清]《蒙学读本全书》内页示例

另外，还有关润田撰、民初老二酉堂出版的《绘图日用杂字》（见图 6-15）。该杂字上图下文，共 307 句，计 1228 字。句式简短，隔句押韵，如“天地三光，上下四方。东西南北，黑白青黄。风云雷雨，雾露霞霜”，读来铿锵有力。内容大体可分为天文、称谓、农事、居家、饮食、动物、器用、疾病、服饰、风俗、仕途等方面，书的末尾写道“四言杂字，且应眼前。鸿儒见笑，童辈喜传”，突出了趣味性及实用性。

《绘图庄农杂字》又名《改良绘图庄农杂字》（见图 6-16），撰者不详，为民国上海锦章书局石印本。该杂字上图下文，紧扣主题，所选之图都有关农事活动或农家生活，图下是与之对应的文字，四字一句，共 600 多句，合计 2400 多字。正文不分类，依其内容涉及学习、农事、建筑、服饰、饮食、梳妆、杂货、果品及器具等。作者巧妙地将各方面内容连成韵文，语言通俗，朗朗上口，如“冬至月后，急急打场。铡刀切草，不必太长。豆子拌料，将马喂上”，传授农业生产经验，使可读性与实用性相结合。

1904 年，商务印书馆开始推出“最新教科书”75 种（其中 2 种见图 6-17），这是第一套按照现代学制编撰、第一套配有教授书的现代意义上的教科书，也是第一套附有彩色插图的教科书，成为整个教科书发展谱系中一座难以超越的里程碑。教科书通过科学文化的建构，启蒙中国人用一个崭新的角度认识自然和社会，开启了中国人通过编撰教科书建构科学文化、传承中华文化的新时代（石鸥，2017）。

“最新教科书”系列共有 141 篇课文带有插图，第一册甚至没有文字，每课 2 页，全是图像，足见插图在这套教科书中的重要地位。相对于文字而言，插图的表达无疑是隐性的。正是这些隐性线索所构成的

图 6-15　[民国]《绘图日用杂字》

“意境空间”让观者在多角度的阅读中有所玩味。比如，该系列中的《最新修身教科书》的插图通过对故事情景、居室建筑、人文意象的描绘来展现人物品格，同时也从侧面反映出传统“修身”观念在人们日常生活中的体现形式。插图不仅配合了德育叙事，本身也通过审美内涵起到了道德教化的作用（王独慎，2018）。

值得我们注意的是，以往叙事性的绘画是主流，但是随着文人画的兴起，叙事性的绘画方式不复主流地位。以元代倪瓒山水画为代表的画作体现出平淡孤寂的气质，很多文人会把这样的画作挂在自己的书斋里，以显示一种文人所谓独立的、不随世俗的高逸之风。非常有趣的是，在童蒙课本当中，为了教育儿童，叙事化、叙事性的绘画反而得到了很大的发展。而且课本从图文对照逐渐发展到叙事性、情景性绘画大量出现，比如

(a)

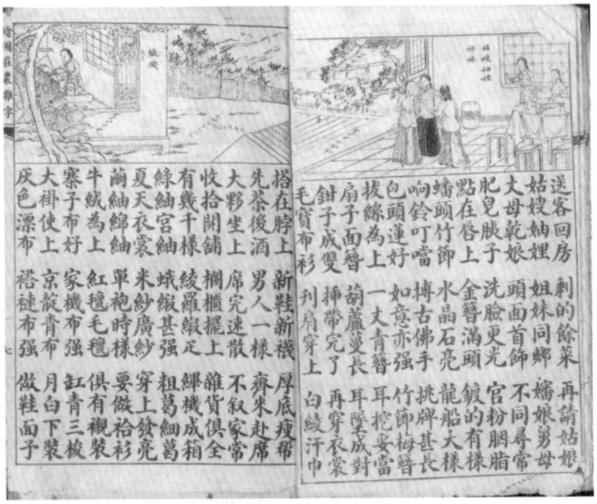

(b)

图 6-16 ［民国］《绘图庄农杂字》封面、内页示例

（a）　（b）

图 6-17 ［民国］《最新国文教科书》第二册、《最新修身教科书》第三册内页示例

孔融让梨、孟母断织等等，可以说开创了后世教科书插图的基本样式。

新式学堂普遍建立的时期，杂字依然为百姓所接受。如《中西绘图益幼杂字》，撰者不详，民国十七年（1928 年）由上海昌文书局印行。该杂字上图下文，分类较细，收词较多，包括五谷类、蔬菜类、果品类、茶食类、糖类、素菜类、荤菜类、烹调类、柴草类、香烛纸马类、茶酒类（附酒作具）、杂货类、绸绫绢缎布类、颜色类、衣服类、鞋袜帽领类、裁缝类、天文类、地理类（附天干、地支）、时令类、身体类、人物类、人事类、宫室类（附屋料装修）、庭堂用物、书房用物、闺房用物、厨房用物、农家用物、僧道用物、钱庄用物、首饰珍宝类、禽类、畜类、虫类、花类、树类、草类、竹类、士类、农类、工类、商类、舟楫类、妇道类、文官类（附人事）、武官类（附武事器用）、吏役（附人事）、各省地名、历代帝王总记等门类。该杂字主要流传于江浙地区。

1912 年广记书局发行的《绘图中西日用杂字》（见图 6-18）也较有特色。首句为“蔬菜类：生瓜、茄子”，末句为“砟刀、六尺杆”，后附

26 个英文字母（大小写均有）。内容涵盖天文、地理、花鸟鱼虫、生活百科，尤其是用汉字标注了英语发音。这兴许是受到了当时上海租界里流行的一种“洋泾浜”口诀的英语学习方式的影响。“洋泾浜”是在没有共同语言而又急于交流的情况下形成的一种“商业英语”，即中国人同外国人打交道时，用汉语读音模仿英语读音进行交流，如“来”是“康姆（come）”、“去”即“谷（go）”等等，这也成为近代中西文化交流的见证。

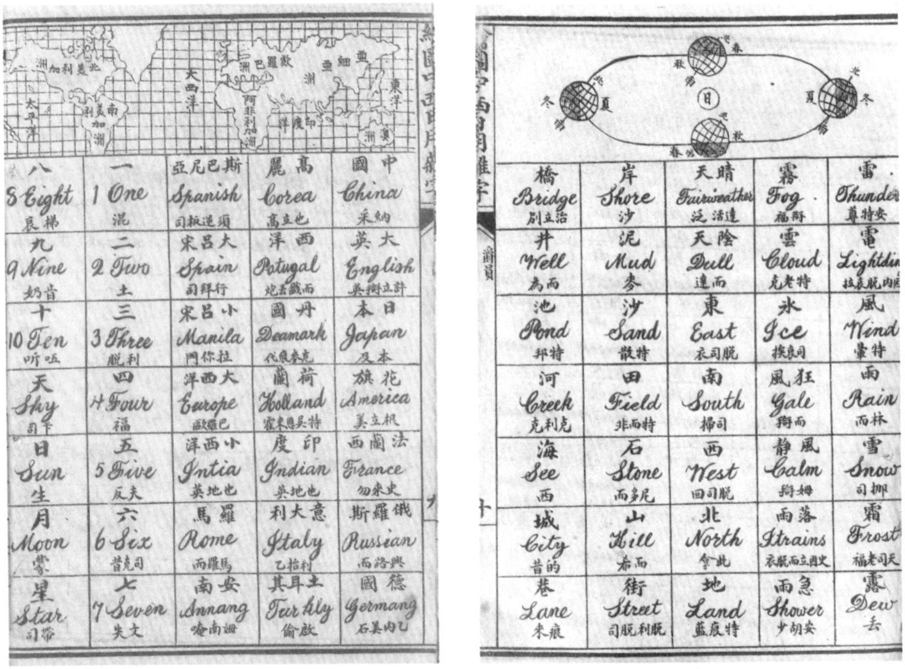

(a)　　　　　　(b)

图 6-18　[民国]《绘图中西日用杂字》第 9—10 页

20 世纪 50 年代初期开始，为配合农村扫盲教育，全国编写了各类杂字来提高农民的文化水平。1957 年，北京出版社出版了辛安亭编的《农村日用杂字》(见图 6-19)，四字一句，图文对照，包括生产、生活、文化、卫生、自然、政治六方面内容，语言精练，易于诵读。

(a)

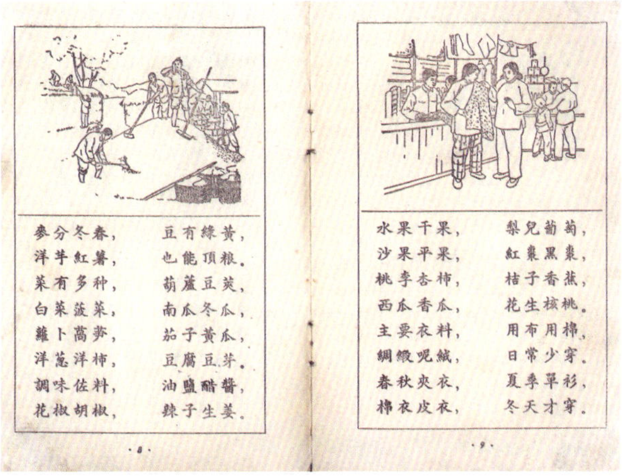

(b)

图 6-19 《农村日用杂字》封面、第 8—9 页

1958 年陕西人民出版社出版了萧征编的《绘图农村日用七言杂字》(见图 6-20)，第一版就印刷了 30 万册。

1983 年辽宁少年儿童出版社出版了朱起编写的《新编绘图庄农杂字》(见图 6-21)，第一版印刷了 25000 册。正如作者在“内容说明”中所写：“庄农杂字，绘图新编，文图并茂，生字三千。一韵到底，本书特点，琅[1]上口，易记好念。……文化提高，知识增添，生产建设，多做贡献。”

① 应为“朗朗”。——编者注

(a)

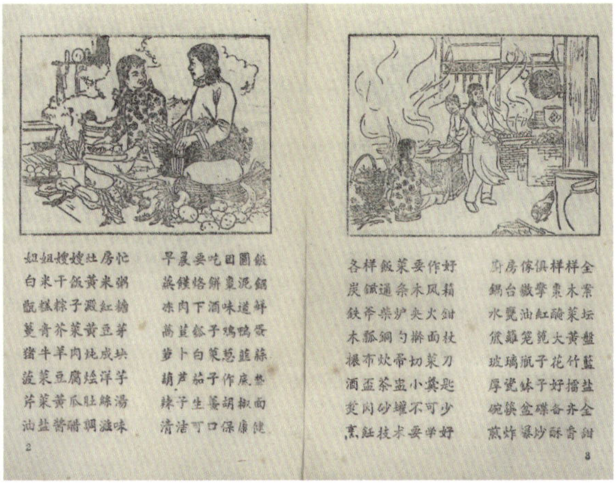

(b)

图 6-20 《绘图农村日用七言杂字》封面、第 2—3 页

(a)

(b)

图 6-21 《新编绘图庄农杂字》封面、第 46—47 页

（朱起，1983）[内容说明]上述对相杂字，也参考了明清以来的杂字体例，贴近工农生活，契合了农村文化教育和生产事业的发展需求。

《新编对相四言》等对相杂字在几百年前就别出心裁地借助图画让儿童学习识字，让儿童融入生动多姿的日常生活世界，尽管其中的内容随着时代的变迁而变化，但图画识字的教学方式延续到了现代教育之中。

四、对相杂字的价值

由上可见，在历史上为官府所承认、编法也比较雅驯的“三百千”之外，还存在着另一类流传于民间的识字教材——杂字。其以百姓日常生活为题材，语言通俗，内容浅显。其中，图文对照的对相杂字在宋元时期出现及流传，成为世界上最早的图文对照的蒙学课本。随着社会进步及商品经济发展，杂字还传授与农工商有关的实用技艺，内容更趋丰富实用，成为推动农业经济、商业活动、百工技艺及市井生活发展的教育方式。

如前所述，张志公先生考证《新编对相四言》是在宋本《对相四言》的基础上不断修改而成的，应该是中国教育史上第一本看图识字教材，比 17 世纪捷克教育家夸美纽斯编写的欧洲第一本幼儿插图读物《世界图解》早了 400 年左右，即使是明代的版本，也早了 200 年左右。

欧洲第一本幼儿插图读物《世界图解》共有大小插图 187 幅，尤其特别的是，它用“乌鸦”“绵羊”“蟋蟀”“老鼠”“青蛙”等 24 种动物插图来代表音素发音，更是生动形象，可吸引儿童模仿这些动物的叫声来学习发音，使枯燥的语法学习顿时趣味盎然。夸美纽斯在《大教学论》

中认为，知识的开端永远必须来自感官，图书中的插图是直观教学的最简单的辅助工具。我们可以看到，《新编对相四言》中用肩挑货物的男人来表示“商”字，儿童就能联想到平时走街串巷一路吆喝的货郎，加深对商人的理解；《世界图解》中描绘了一位戴着头盔、身穿盔甲、手拿盾牌的“士兵”，在他的四周是各种各样的武器，儿童能通过图画与文字比较容易地掌握有关士兵的知识。可以说，远在数百年前，中外先贤们就有远见卓识，先后创造了图文对照的方法来教儿童看图识字。这对后世教科书普遍采用插图方式具有深远的影响，也值得引起中外教科书研究的重视。

有研究者曾对《新编对相四言》与《世界图解》这两本早期插图蒙学教材的共性进行探赜，认为它们的内容都丰富全面，是儿童百科全书式的启蒙课本，并且在某些方面惊人地相似。如《新编对相四言》中的自然景象有“天云雷雨日月斗星江山水石”，而《世界图解》介绍了“宇宙、天空、火、空气、大地、大地的产物”等知识。难能可贵的是，《新编对相四言》虽产生于理学盛行时期，却丝毫没有受到理学思想影响，全文没有空洞抽象的道德说教，而《世界图解》在欧洲宗教影响渗透于社会各个层面的情况下，努力营造了便于儿童学习的现实环境和氛围，淡化上帝的影像，呈现现世人生所必需的实际知识。这些都体现了编者思想的独立性与进步性。（顾月琴，2018）

从学习的角度来看，一方面，如夸美纽斯在《大教学论》中所认为的，知识的开端是感官，因此“在这种年岁进行教导的主要媒介应当是感官知觉”（夸美纽斯，1984）[228-229]。《新编对相四言》与《世界图解》中极为丰富而形象的图像，不仅“能激发孩子们的兴趣，免除他们在校学习的痛苦，尝到其中的乐趣”（任钟印，1990）[85]，而且“当孩子们由于对图画产生兴趣，通过游戏和说笑而使注意力得到集中时，他们将会获得有关世上最主要的事物的概念”（任钟印，1990）[86]。另一方面，也更为重要的是，《新编对相四言》与《世界图解》中的图像除了能够通过对课本文字的图像转译、促进想象记忆而助力于认知，而且可以丰富情感感知、影响学习者的态度，从而促进学习者非认知能力的发展。

就日常生活与历史的关系而言，法国年鉴学派第二代代表人物布罗代尔（F. Braudel）在他的《15 至 18 世纪的物质文明、经济和资本主义》一书中认为：

> 把日常生活不折不扣地纳入历史的范围。这样做有什么用处？是否必要？日常生活无非是些琐事，在时空范围内微不足道。你愈是缩小观察范围，就愈有机会置身物质生活的环境之中：大的观察范围通常与重大史实相适应，例如远程贸易、民族经济或城市经济网络。当你缩短观察的时间跨度，你看到的就只是个别事件或者种种杂事；历史事件是一次性的，或自以为是独一无二的；杂事则反复发生，经多次反复而取得一般性，甚至变成结构。它侵入社会的每个层次，在世代相传的生存方式和行为方式上刻下印记。（布罗代尔，1992）[26-27]

对相杂字从出现到后来的发展都是深深地嵌入日常生活之中的，并在历史的发展中留下了特色鲜明的教育方式，因而得以进入我们今天的视野。

图文对照的识字课本对于我们深入解剖和理解其背后社会文化与经济生活的关系具有补偿性功能。当我们通过对相杂字所选的文字去辨别社会历史发展的事实，其中作为对照的图像在文字文献缺乏或比较薄弱的研究领域，不仅可以弥补文字文献的不足，而且能够使我们更好地感触历史。这恰如克罗伯（A. L. Kroeber）和克鲁克洪（C. Kluckhohn）所认为的："文化由外显的和内隐的行为模式构成，这种行为通过象征符号而获致和传递；文化代表了人类群体的显著成就，包括其在人造器物中的体现。"（Kroeber et al.，1952）尤其是当我们把各个时代有关农业经济、商业活动、百工技艺及市井生活的图像加以时间序列的连接时，这些图像符号就成为我们理解社会历史发展的另一个窗口与路径，引领我们去窥见时代的启蒙，体味教育的演进以及其中不可磨灭的文化记忆和价值。

参考文献

阿利埃斯，2013. 儿童的世纪：旧制度下的儿童和家庭生活 [M]. 北京：北京大学出版社.

艾布拉姆斯，1989. 镜与灯：浪漫主义文论及批评传统 [M]. 北京：北京大学出版社.

白馥兰，2006. 技术与性别：晚期帝制中国的权力经纬 [M]. 南京：江苏人民出版社.

白馥兰，2009. 帝国设计：前现代中国的技术绘图和统治 [M]// 李砚祖. 艺术与科学：卷九. 北京：清华大学出版社.

白巍，2004. 宋辽金西夏绘画史 [M]. 福州：海风出版社.

贝斯特，凯尔纳，2001. 后现代理论：批判性的质疑 [M]. 北京：中央编译出版社.

波萨克，2015. 图片阐释：作为一种质性研究的方法论 [J]. 北京大学教育评论（1）：56–77，189.

伯格，2015. 观看之道 [M]. 3 版. 桂林：广西师范大学出版社.

伯克，2008. 图像证史 [M]. 北京：北京大学出版社.

伯克，2009. 什么是文化史 [M]. 北京：北京大学出版社.

布罗代尔，1992. 15 至 18 世纪的物质文明、经济和资本主义：第一卷 [M]. 北京：生活·读书·新知三联书店.

车吉心，梁自絜，任孚先，1989. 齐鲁文化大辞典 [M]. 济南：山东教育出版社.
陈宝良，2005. 明代儒学生员与地方社会 [M]. 北京：中国社会科学出版社.
陈平原，2008. 左图右史与西学东渐：晚清画报研究 [M]. 香港：三联书店（香港）有限公司.
陈晓屏，2016. 权力空间化的视觉转译及其表征：近代中国图像叙事的空间再现研究 [J]. 社会科学研究（2）：193-201.
德沃夏克，2010. 作为精神史的美术史 [M]. 北京：北京大学出版社.
丁钢，2009. 叙事范式与历史感知：教育史研究的一种方法维度 [J]. 教育研究（5）：37-41.
丁钢，2015. 村童与塾师：一种风俗画的教育诠释 [J]. 社会科学战线（2）：242-248.
丁钢，2016. 讲学方式与空间组构演变的教育意蕴 [J]. 探索与争鸣（2）：94-99.
丁钢，2017. 转向屏风：空间、图像及其叙事中的教化 [J]. 湖南师范大学教育科学学报（4）：1-5.
丁钢，2019. 技能与德行：社会生活中性别角色的图像隐喻 [J]. 湖南师范大学教育科学学报（5）：4-8，20.
丁钢，2021. 中国教育文化的阐释 [M]. 北京：教育科学出版社.
丁钢，刘琪，1992. 书院与中国文化 [M]. 上海：上海教育出版社.
范曾，1996. 范曾序跋集 [M]. 深圳：海天出版社.
范曾，2012. 范曾散文选集 [M]. 天津：百花文艺出版社.
冯梦龙，1998. 墨憨斋三笑 [M]. 郑州：河南人民出版社.
高居翰，2022. 致用与娱情：大清盛世的世俗绘画 [M]. 北京：生活·读书·新知三联书店.
高瑞泉，2009. 民族思维定势与传统教育模式 [C]// 丁钢. 文化的传递与嬗变：中国文化与教育. 上海：上海教育出版社.

高泽，2021. 试论历代《豳风图》的特征与关联 [J]. 天津美术学院学报（3）：59–61.

葛洪，2006. 西京杂记 [M]. 西安：三秦出版社.

葛兆光，2002. 思想史研究视野中的图像 [J]. 中国社会科学（4）：74–83，205.

葛兆光，2018. 想象天下帝国：以（传）李公麟《万方职贡图》为中心 [J]. 复旦学报（社会科学版）（3）：36–48.

葛兆光，白谦慎，2020. 思想史视角下的图像研究与艺术史的独特经验 [J]. 探索与争鸣（1）：138–144，160.

贡布里希，2000. 艺术与错觉：图画再现的心理学研究 [M]. 长沙：湖南科学技术出版社.

顾明远，1992. 教育大辞典：第 9 卷 [M]. 上海：上海教育出版社.

顾月琴，2013. 日常生活变迁中的教育：明清时期杂字研究 [M]. 北京：光明日报出版社.

顾月琴，2018. 中外早期插图蒙学教材共性进行探赜：以《新编对相四言》与《世界图解》为例 [J]. 贵州师范大学学报（社会科学版）（6）：63–69.

郭云鹏，等，2019. 孔府珍藏文物（二十五）：孔子讲学图 [N]. 济南日报，2019-10-25（14）.

哈斯克尔，2018. 历史及其图像：艺术及对往昔的阐释 [M]. 北京：商务印书馆.

韩丛耀，2016—2022. 中华图像文化史 [M]. 北京：中国摄影出版社.

韩丛耀，等，2012. 中国近代图像新闻史：1840—1919[M]. 南京：南京大学出版社.

郝远，2016. 宋代文人的屏风情节 [J]. 天津职业院校联合学报（4）：121–124.

赫伊津哈，2008. 中世纪的秋天：14 世纪和 15 世纪法国与荷兰的生活、思想与

艺术 [M]. 桂林：广西师范大学出版社.
洪明，赵森，2019. 近十二年来国际教育史研究的特征、热点及走向：基于五种教育史英文期刊（2008—2019 年）的知识图谱分析 [J]. 教育史研究（4）：133–146.
洪再新，1985. 宋代风俗画 [J]. 新美术（2）：60–67，13.
胡懿勋，2004. 中国古代风俗画的研究方法概述 [J]. 艺术百家（5）：117–121.
黄齐贤，2014. "天人合一" 与中国传统山水画图式 [J]. 江西社会科学（4）：231–235.
黄小峰，2010. 孔夫子的乡下门生：解读《村童闹学图》[J]. 中华遗产（9）：150–155.
霍尔，2003. 表征：文化表象与意指实践 [M]. 北京：商务印书馆.
霍尔，2013. 表征与媒介 [M]// 周宪，陶东风. 文化研究：第 13 辑. 北京：社会科学文献出版社.
霍夫曼，2003. 移情与道德发展：关爱和公正的内涵 [M]. 哈尔滨：黑龙江人民出版社.
霍克斯，1992. 论隐喻 [M]. 北京：昆仑出版社.
蒋威，2008. 明清时期塾师业外活动收入及其原因与影响 [J]. 苏州教育学院学报（2）：93–95.
金岳霖，1985. 中国哲学 [J]. 哲学研究（9）：38–44.
金兹堡，2017. 线索：一种推定性范式的根源 [M]// 陈恒，王刘纯. 新史学：第十八辑. 郑州：大象出版社.
卡斯卡蒂，2007. 柏拉图之后的文本与图像 [J]. 学术月刊（2）：31–36.
柯律格，2015. 长物：早期现代中国的物质文化与社会状况 [M]. 北京：生活 · 读书 · 新知三联书店.
夸美纽斯，1984. 大教学论 [M]. 北京：人民教育出版社.
李泽厚，2009. 美的历程 [M]. 北京：生活 · 读书 · 新知三联书店.

利奥塔，1997. 后现代性与公正游戏：利奥塔访谈、书信录 [M]. 上海：上海人民出版社.

梁启超，1987. 中国历史研究法 [M]. 上海：上海古籍出版社.

列斐伏尔，2003. 空间：社会产物与使用价值 [M]// 包亚明. 现代性与空间的生产. 上海：上海教育出版社.

列斐伏尔，2021. 空间的生产 [M]. 北京：商务印书馆.

林巳奈夫，2010. 刻在石头上的世界：画像石述说的古代中国的生活和思想 [M]. 北京：商务印书馆.

刘大鹏，1990. 退想斋日记 [M]. 太原：山西人民出版社.

刘耀辉，1995. “文翁讲学图”象砖介绍 [J]. 成都大学学报（社会科学版），1995（1）：92.

刘亦实，2009. 身世坎坷的《天籁阁旧藏宋人画册》[EB/OL].（2009–04–22）[2022–10–09]. http://epaper.dfsc.com.cn/html/2009-04/22/content_77216.htm.

刘勇强，2011.《闹学——〈博笑客说〉》之五八 [EB/OL].（2011–01–09）[2022–10–09]. http://hi.baidu.com/qzxycxs/item/ 7ff69c1d2c6971fb64eabfc6.

曼素恩，2005. 缀珍录：十八世纪及其前后的中国妇女 [M]. 南京：江苏人民出版社.

毛礼锐，瞿菊农，邵鹤亭，1979. 中国古代教育史 [M]. 北京：人民教育出版社.

孟久丽，2014. 道德镜鉴：中国叙述性图画与儒家意识形态 [M]. 北京：生活·读书·新知三联书店.

米歇尔，2012. 图像学：形象，文本，意识形态 [M]. 北京：北京大学出版社.

欧阳丽萍，2015. 传统屏风艺术与儒释道的渊源 [M]. 美术教育研究（1）：39.

潘诺夫斯基，2011. 图像学研究：文艺复兴时期艺术的人文主题 [M]. 上海：上海三联书店.

潘诺夫斯基，2013. 哥特建筑与经院哲学：关于中世纪艺术、哲学、宗教之间对应关系的探讨 [M]. 南京：东南大学出版社.

皮尔士，2016. 皮尔士论符号 [M]. 上海：上海译文出版社.

蒲松龄，1998. 蒲松龄全集：第 3 册 [M]. 上海：学林出版社.

清代宫史研究会，2007. 清代宫史探析：上［M］. 北京：紫禁城出版社.

饶宗颐，2016. 序 [M]// 韩丛耀. 中华图像文化史：插图卷：上. 北京：中国摄影出版社.

任钟印，1990. 夸美纽斯教育论著选 [M]. 北京：人民教育出版社.

商伟，2015. 一本书的故事与传奇：美国哥伦比亚大学东亚图书馆藏《新编对相四言》影印本序 [J]. 古典文献研究（1）：69–80.

沈从文，2011. 中国古代服饰研究 [M]. 北京：商务印书馆.

石附实，1993. 教育比较的三个视点 [J]. 外国教育资料（6）：1–8.

石鸥，2017. 百年中国教科书的文化担当 [J]. 教育科学研究（11）：93–96.

索绪尔，1980. 普通语言学教程［M］. 北京：商务印书馆.

唐晓云，2015. 美国哥大东亚馆藏《新编对相四言》版本及流传考述 [J]. 图书馆杂志（9）：105–109.

王安石，1982. 诗义钩沉 [M]. 北京：中华书局.

王潮生，1995. 中国古代耕织图 [M]. 北京：中国农业出版社.

王独慎，2018. 意境空间与性情涵养：清末修身教科书插图中的德育内涵 [J]. 湖南师范大学教育科学学报（1）：55–62.

王红谊，2009. 中国古代耕织图：下册 [M]. 北京：红旗出版社.

王加华，2016. 技术传播的“幻象”：中国古代《耕织图》功能再探析 [J]. 中国社会经济史研究（2）：10–17.
王加华，2018. 教化与象征：中国古代耕织图意义探释 [J]. 文史哲（3）：56–68，166.
王镇华，1986. 书院教育与建筑：台湾书院实例之研究 [M]. 台北：故乡出版社.
王重民，1983. 中国善本书提要 [M]. 上海：上海古籍出版社.
畏冬，1991. 中国古代风俗画概论（上）[J]. 故宫博物院院刊（3）：14–26，97–98.
巫鸿，2005. 礼仪中的美术：巫鸿中国古代美术史文编 [M]. 北京：生活·读书·新知三联书店.
巫鸿，2009. 重屏：中国绘画中的媒材与再现 [M]. 上海：上海人民出版社.
吴寒，2022. 以图证经：豳风图绘的多重意义指向 [J]. 美术观察（3）：49–52.
吴琼，2016. “上帝住在细节中”：阿比·瓦尔堡图像学的思想脉络 [J]. 文艺研究（1）：19–30.
徐梓，1996. 蒙学读物的历史透视 [M]. 武汉：湖北教育出版社.
徐梓，2006. 明清时期塾师的收入 [J]. 中国社会经济史研究（2）：30–37.
薛宇，2021. “豳风图里课农行”：出入于画史的《豳风》[J]. 传记文学（2）：56–64.
杨米人，等，1982. 清代北京竹枝词：十三种 [M]. 北京：北京古籍出版社.
杨慎初，2002. 中国书院文化与建筑 [M]. 武汉：湖北教育出版社.
杨秀清，2013. 敦煌石窟壁画中的古代儿童生活（三）[J]. 敦煌学辑（3）：86–103.
叶调元，1985. 汉口竹枝词校注 [M]. 武汉：湖北人民出版社.
易苏昊，2004. 古代书画精品录：四 [M]. 北京：长城出版社.
俞剑华，2017. 中国历代画论大观：第五编 [M]. 南京：江苏凤凰美术出版社.
虞英，2014. 心境之屏：中国传统绘画画中“屏”与画中“人”的关系研究 [J]. 南京艺术学院学报（美术与设计版）（2）：105–107.

张丽娟，2013. 宋代经书注疏刊刻研究 [M]. 北京：北京大学出版社.

张良皋，2002. 匠学七说 [M]. 北京：中国建筑工业出版社.

张彦聪，2012. 村童闹学图：一个扑朔迷离的场景 [D]. 上海：华东师范大学.

张彦远，2011. 历代名画记 [M]. 杭州：浙江人民美术出版社.

张志公，1962. 传统语文教育初探 [M]. 上海：上海教育出版社.

张志公，1992. 传统语文教育教材论：暨蒙学书目和书影 [M]. 上海：上海教育出版社.

张仲礼，2008. 中国绅士研究 [M]. 上海：上海人民出版社.

张子凯，2007. 列斐伏尔《空间的生产》述评 [J]. 江苏大学学报（社会科学版）（5）：10-14.

赵国权，2016. 图像史料：教育活动场景的别样诠释：以两汉图像为例 [J]. 河南大学学报（社会科学版）（5）：119-126.

郑阿财，朱凤玉，2002. 敦煌蒙书研究 [M]. 兰州：甘肃教育出版社.

郑振铎，1988. 中国古代版画丛刊：2[M]. 上海：上海古籍出版社.

郑振铎，1994. 中国历史参考图谱 [M]. 北京：书目文献出版社.

郑振铎，2010. 中国古代木刻画史略 [M]. 上海：上海书店出版社.

郑震，2010. 空间：一个社会学的概念 [J]. 社会学研究（5）：167-191，245.

中国农业博物馆，1995. 中国古代耕织图 [M]. 北京：中国农业出版社.

周慧梅，2022. 图像启蒙与社会教育：以晚清通俗画报为考察中心 [J]. 华东师范大学学报（教育科学版）（10）：117-126.

朱洪启，2010. 耕织图与我国传统社会中农业技术及农业文化传播 [J]. 科普研究（3）：89-92.

朱起，1983. 新编绘图庄农杂字 [M]. 沈阳：辽宁少年儿童出版社.

宗白华，1981. 美学散步 [M]. 上海：上海人民出版社.

邹清泉，2007. 北魏孝子画像研究：《孝经》与北魏孝子画像图像身份的转换 [M]. 北京：文化艺术出版社.

GOODRICH L C, 1967. 15th century illustrated Chinese primer: Hsin-Pien Tui-Hsiang Szu-Yen [M]. Hong Kong：Hong Kong University Press.

KROEBER A L, KLUCKHOHN C, 1952. Culture: a critical review of concepts and definitions [M]. Cambridge, MA: Harvard University Press.

LEFEBVRE H, 1991. The production of space [M]. Oxford: Blackwell.

MIETZNER U, MYERS K, PEIM N, 2005. Visual history: images of education [M]. Oxford: Peter Lang.

RAMPLEY M, 1997. From symbol to allegory: Aby Warburg's theory of art [J]. The Art Bulletin, 79 (1): 41–55 .

RAWSKI E S, 1979. Education and popular literacy in Ch'ing China [M]. Ann Arbor: University of Michigan Press.

SOJA E W, 1996. Third space [M]. Oxford: Blackwell.

VISCHER R, 1994. On the optical sense of form [M]// VISCHER R, MALLGRAVE H F, IKONUMOU E. Empathy, form, and space: problems in German aesthetics, 1873–1893. Santa Monica: Getty Center for the History of Art and the Humanities.

WALL C, 2008.Picturing an occupational identity: images of teachers in careers and trade union publications 1940–2000 [J]. History of Education, 37 (2): 317–340.

附录：图版信息[①]

第二章

图 2-1 ［明］仇英《村童闹学图》，绢本设色，《天籁阁旧藏宋人画册》之一，20cm × 20cm，上海博物馆藏

图 2-2 ［初唐］《阿弥陀经变》化生童子，莫高窟第 220 窟南壁

图 2-3 ［盛唐］《观无量寿经变》叠罗汉，莫高窟第 217 窟

图 2-4 ［清］华嵒《桐屋闹学图》局部，轴，北京故宫博物院藏

图 2-5 ［清］《村童闹学图》，53cm × 78cm，北京故宫博物院藏

图 2-6 ［民国］谢闲鸥《闹学图》，纸本设色，61cm × 95cm

图 2-7 ［清］《闹学顽戏》，杨柳青木版年画，61.5cm × 102.5cm，天津杨柳青木版年画博物馆藏

图 2-8 ［清］《九子十成》，杨柳青木版年画，61.5cm × 107.5cm，天津杨柳青木版年画博物馆藏

图 2-9 ［清］《九子登科闹学》，杨柳青木版年画，59.5cm × 102cm，天津杨柳青木版年画博物馆藏

---

① 此处信息在正文图题基础上有所调整。

图 2–10 ［清］《十六子闹学》，杨柳青木版年画，64cm × 112cm，天津杨柳青木版年画博物馆藏

图 2–11 ［清］吴友如《吴友如画宝·风俗志图说》第十一集上册之“朴作教刑”

第三章

图 3–1 ［宋］《孔子及七十二弟子像赞》局部，石刻，44cm × 125cm，杭州孔庙碑林藏

图 3–2 ［南宋］马和之《孝经图》局部，绢本设色，册页，28.6cm × 34.1cm，台北故宫博物院藏

图 3–3 《明版彩绘孔子圣迹图·退修诗书》，绢本设色，57cm × 33cm，孔子博物馆藏

图 3–4 ［明］吴彬《孔子杏坛讲学图》，绢本设色，125cm × 62cm，孔子博物馆藏

图 3–5 ［明］仿李唐《孔子讲学图》，绢本设色，166.5cm × 85cm，孔子博物馆藏

图 3–6 文翁石室授经讲学画像砖，40cm × 46.8cm，20 世纪 50 年代初出土于成都市北郊羊子山，四川博物院藏

图 3–7 东汉讲经画像砖，25cm × 39.5cm，1953 年出土于四川德阳县柏隆乡，四川博物院藏

图 3-8 ［隋］展子虔《授经图》，绢本设色，30.1cm × 33.7cm，台北故宫博物院藏

图 3–9 ［唐］（传）王维《伏生授经图》，绢本设色，25.4cm × 44.7cm，日本大

第四章

图 4-7 ［宋］《十八学士图》局部，绢本设色，44.5cm × 182.3cm，台北故宫博物院藏

图 4-8 ［南宋］（传）刘松年《十八学士图卷》局部，绢本设色，描金，44.5cm × 182.3cm，台北故宫博物院藏

图 4-9 ［明］仇英《人物故事图册》之《竹院品古图》，绢本设色，敷金，41.1cm × 33.8cm，北京故宫博物院藏

图 4-10 ［元］倪瓒《秋林野兴图》，绢本墨笔，97cm × 68.5cm，美国大都会艺术博物馆藏

图 4-11 ［元］张雨《题倪瓒像卷》，纸本设色，28.2cm × 60.9cm，台北故宫博物院藏

图 4-12 ［明］文徵明《真赏斋图卷》，纸本设色，28.6cm × 79cm，中国国家博物馆藏

第五章

图 5-1 ［汉］纺织图画像石，南京博物院藏

图 5-2 ［汉］播种图画像砖（王红谊《中国古代耕织图：下册》第 276 页）

图 5-3 ［汉］牛耕图画像石局部（王红谊《中国古代耕织图：下册》第 281 页）

图 5-4 ［魏晋］《采桑》，嘉峪关新城魏晋墓群六号墓

图 5-5 ［魏晋］《二牛犁地》，嘉峪关新城魏晋墓群五号墓

图 5-6 ［唐］《雨中耕作图》，莫高窟第 61 窟

图 5-7 ［南宋］马和之《豳风图》局部，绢本设色，25.7cm × 55.7cm，北京故宫博物院藏

图 5-8 ［元］程棨摹、（传）楼璹作《耕织图》局部（浸种、耕、耙），

1049.8cm × 32.7cm，美国弗利尔－赛克勒美术馆藏

图 5-9 ［元］程棨摹、（传）楼璹作《耕织图》局部（灌溉、收割、登场），1049.8cm × 32.7cm，美国弗利尔－赛克勒美术馆藏

图 5-10 ［元］程棨摹、（传）楼璹作《耕织图》局部（舂碓、簸/簏、入仓），1049.8cm × 32.7cm，美国弗利尔－赛克勒美术馆藏

图 5-11 ［南宋］《蚕织图》局部（浴蚕，暖种，摘叶、体喂，第一眠，第二眠），卷轴，绢本、线描、淡彩，518cm × 27.5cm，黑龙江省博物馆藏

图 5-12 ［南宋］《蚕织图》局部（下茧、约茧，剥茧，称茧、盐茧瓮藏，生缫，蚕蛾出种），卷轴，绢本、线描、淡彩，518cm × 27.5cm，黑龙江省博物馆藏

图 5-13 ［南宋］《蚕织图》局部（络垛、纺绩，经靷、籰子，挽花，做纬、织作，下机、入箱），卷轴，绢本、线描、淡彩，518cm × 27.5cm，黑龙江省博物馆藏

图 5-14 ［清］郎世宁等《清院本亲蚕图卷》第三卷采桑局部，绢本设色，51cm × 590.4cm，台北故宫博物院藏

图 5-15 ［清］郎世宁等《清院本亲蚕图卷》第四卷献茧局部，绢本设色，51cm × 639.7cm，台北故宫博物院藏

图 5-16 ［清］焦秉贞绘、康熙题诗《御制耕织图》局部（耕），纸本设色，图框 24.5cm × 24.4cm，美国保罗・盖蒂研究所藏

图 5-17 ［清］焦秉贞绘、康熙题诗《御制耕织图》局部（织），纸本设色，图框 24.5cm × 24.4cm，美国保罗・盖蒂研究所藏

图 5-18 ［清］方观承绘、乾隆题诗《御题棉花图》（布浆），河北博物院藏

图 5-19 ［清］董诰等编《钦定授衣广训》卷上九和卷下十七，嘉庆十三年（1808

年）武英殿刻本

图 5-20 ［明］邝璠《便民图纂》卷第一（郑振铎《中国古代版画丛刊：2》第 898 页）

图 5-21 ［清］方观承绘、乾隆题诗《御题棉花图》（布种），河北博物院藏

图 5-22 ［清］方观承绘、乾隆题诗《御题棉花图》（耘畦），河北博物院藏

图 5-23 ［清］方观承绘、乾隆题诗《御题棉花图》（采棉），河北博物院藏

图 5-24 ［清］方观承绘、乾隆题诗《御题棉花图》（织布），河北博物院藏

图 5-25 ［清］《耕织图》刻石拓片，中国国家博物馆藏

图 5-26 ［民国］《御制耕织图》（耕、织），点石斋石印本

图 5-27 ［清］《庄稼忙》，纸本，58cm × 102cm，中国美术馆藏

图 5-28 ［清］《春耕畿田》，杨柳青木版年画，60cm × 102cm，天津杨柳青木版年画博物馆藏

图 5-29 ［清］《渔家同乐图》，线版手绘，93cm × 52cm，日本海杜美术馆藏

图 5-30 ［清］《打春牛》，山东省潍坊市杨家埠木版年画研究所藏

图 5-31 ［清］《男十忙》，山东省潍坊市杨家埠木版年画研究所藏

图 5-32 ［清］《女十忙》，山东省潍坊市杨家埠木版年画研究所藏

图 5-33 欧洲铜版耕织图（浸种、二耘）

图 5-34 欧洲石板套色耕织图

图 5-35 ［日］狩野永纳复刻宋版《耕织图》（目录、耕），日本早稻田大学图书馆藏

图 5-36 ［日］狩野探幽《四季耕作》屏风，日本东京国立博物馆藏

图 5-37 ［日］胜川春章《かゐこやしなひ草 第六》，木刻版画，24.1cm × 19.1cm，美国纽约公共图书馆藏

第六章

出 版 人　郑豪杰
责任编辑　薛　莉
版式设计　孙欢欢
责任校对　贾静芳
责任印制　米　扬

图书在版编目（CIP）数据

可视的教育：一个图像教化传统 / 丁钢著．—北京：教育科学出版社，2023.10
（教育文化研究丛书）
ISBN 978-7-5191-3563-8

Ⅰ．①可…　Ⅱ．①丁…　Ⅲ．①教育学—文化学—研究—中国　Ⅳ．①G40-055

中国国家版本馆 CIP 数据核字（2023）第 186841 号

教育文化研究丛书
可视的教育：一个图像教化传统
KESHI DE JIAOYU: YI GE TUXIANG JIAOHUA CHUANTONG

出版发行	教育科学出版社		
社　　址	北京·朝阳区安慧北里安园甲 9 号	**邮　　编**	100101
总编室电话	010-64981290	**编辑部电话**	010-64981252
出版部电话	010-64989487	**市场部电话**	010-64989009
传　　真	010-64891796	**网　　址**	http：//www.esph.com.cn
经　　销	各地新华书店		
制　　作	北京大有艺彩图文设计有限公司		
印　　刷	唐山玺诚印务有限公司		
开　　本	720 毫米 ×1020 毫米　1/16	**版　　次**	2023 年 10 月第 1 版
印　　张	13.5	**印　　次**	2023 年 10 月第 1 次印刷
字　　数	145 千	**定　　价**	78.00 元